質問の一流、二流、三流

桐生稔

あなたが亡くなるとき、
後悔しそうなことは
ありますか？

はじめに

◆質問は最強のコミュニケーションスキル

冒頭から変な質問をしてすみません。

でも、もしあなたが、

「〇〇にチャレンジしておけばよかった」

「大切な人にちゃんと想いを伝えればよかった」

「もっと家族を大事にすればよかった」

と、後悔しそうなら……、それは生きているうちにやった方がいいです。

なぜなら、あなたの人生にとって一番大切なことだからです。


このように質問は、時として大切なことを教えてくれます。

また、質問は相手のやる気も引き出します。

部下が思った通りの結果が出せなかったとき、
・「なんでできないの？」と問い詰める上司
・「何があったの？」と質問する上司
部下が心を開いて話すのは後者です。きちんと原因を知ろうとしてくれているからです。

改善点が明確になり、部下のモチベーションも上がるでしょう。


さらに、質問は本当に考えるべき論点も明確にしてくれます。

会議で「社員の帰属意識をどうやって高めるか？」を議論しているとき、

「そもそも、なぜ帰属意識を高めた方がいいのでしょうか？」

「帰属意識の定義って何でしたっけ？」

こういう素朴な質問が、本質を突いたりします。


経営の神様といわれた経営学者ピーター・F・ドラッカーは、

「重要なことは、正しい答えを見つけることではない。正しい問いを探すことである」

と言いました。

アインシュタインにもこんな一説があります。

「もし自分が殺されそうになって、助かる方法を考えるのに1時間だけ与えられたとしたら、最初の55分は適切な質問を探すのに費やすだろう」

どちらも、質問の重要性を説いたエピソードです。

質問は、私たちの大切なものに気づかせてくれて、相手の可能性をも引き出し、本当の問題を明確にしてくれる最強のコミュニケーションスキルなのです。

◆心の琴線に触れる質問を

一方的にペラペラしゃべる人よりも、

「どんなことに興味があるんですか?」

「それ面白いですね!　もう少し伺ってもいいですか?」

と質問してくれる人との会話の方が盛り上がります。

上司：「これ、明日までにお願いね」
部下：「あ……はい」
この部下の返答に対して何も感じない上司と、「何か気になることがあるんじゃない？」と察知して質問できる上司。質問できる上司の方が、部下との関係性は良好なはず。

今、一流のコンサルタント、コーチ、カウンセラー、会社のマネジメント層やスポーツチームの監督に至るまでが、徹底的に質問スキルを学んでいます。
一流は、相手の心に響く「言葉」より、相手の心の琴線に触れる「質問」の方が人を動かすことを知っているからです。

あなたは日々、身近な人にどんな質問をしていますか？
そして、自分に対してどんな質問を投げかけていますか？
自分に対して、
「私にはどうせできっこない」とぼやいている人。
「どうしたら私にもできるか？」と問いかけている人。

質問一つで、見えてくる風景はまったく変わります。

一流といわれる人ほど、最高の質問力を身につけています。
その一流の質問力を最速で身につける方法を、すべて本書に刻みました。
質問力は、日常生活で実践してはじめて身につきます。
今回は、一流の質問力をすべて日常のシーンに照らし合わせて展開しています。
一流の質問力を咀嚼して吸収できるよう、具体的なアクションレベルで記載しました。
さっそく明日から質問がしたくなるはずです。

ぜひ、気になる項目から読み進めてください。
本書があなたの人生を好転させる究極のバイブルになることを願っております。
それでは始めましょう。

株式会社モチベーション&コミュニケーション　代表取締役　桐生 稔

〜一流とは本質が見抜ける人である〜

質問の一流、二流、三流　もくじ

Chapter 1 質問のはじめ方

Chapter 2 盛り上がる質問

Chapter 3 好かれる質問

Chapter 4 思わず答えてしまう質問

Chapter 5 成果を出す質問

Chapter 6
やる気を上げる質問

Chapter 1

質問のはじめ方

質問するタイミング

三流は、常に質問される側で、二流は、話し始めて数分で質問し、一流は、どのタイミングで質問する？

ステーブ・ジョブズの師で、グーグルの創業者たちをゼロから育て、アマゾンのジェフ・ベゾスを救い、ユーチューブのCEOを鍛えた、偉大な人物をご存じでしょうか？

知る人ぞ知る伝説のコーチ、ビル・キャンベルです。このビル・キャンベルが、エレベータで人と会うと必ずやっていたことがあります。


それは、**「質問」**です。会った瞬間、名前を呼んで、「調子はどう？　何に取り組んでいるの？」と、すぐに質問します。

なぜなら、彼は質問が人間関係を円滑にすることを知っていたからです。

質問されれば相手は答えてくれます。そこから何気ない会話が生まれ、相互理解が深まります。

私がコミュニケーションを専門とするビジネススクールを創業して10年。これまで、延べ10万人の受講生をサポートしてきました。

その中で間違いなく言えることは、コミュニケーションの達人ほど、**相手と会った瞬間、すぐに質問を投げかける**ということです。しかも、挨拶と同時に。

「はじめまして。メディア関係の会社にお勤めなんですね。どんなお仕事をされているんですか?」

「よろしくお願いします。連日暑い日ですね。お体にお変わりはありませんか?」

「おはようございます。いつも元気ですね! 何か秘訣があるんですか?」

などと、まるで挨拶とセットで相手よりも先に質問をしています。

なぜ先に質問するとよいのでしょうか。

それは、**「話しかける」より「話しかけられる」方が人は嬉しいと感じる**からです。

話しかけられるということは、少なからず自分に興味を持ってくれている証。一流はそれをよく理解しています。だから相手が喜ぶことを先にやるのです。

一流は、常にコミュニケーションのペースを相手に置いています。

ですから、まず、**「挨拶＋質問」**の公式をマスターしましょう。そしてさっそく実践してみてください。

職場なら、

「〇〇さん、おはようございます」＋「昨日は遅かったようですね？」

お客様の会社を訪問したら、

「よろしくお願いします」＋「あれ、入り口の雰囲気変えました？」

お友達に会ったら、

「久しぶりだね！」＋「元気だった？」

そうすることで、あなたのペースで会話が進み、相手も快く話してくれるはずです。

Road to Executive

一流は、「挨拶＋質問」ですぐに質問する

質問によって会話を生みだす

初対面での会話

三流は、うまく言葉が出てこず、二流は、自分が聞きたいことを質問し、一流は、何を質問する？

あなたが緊張するのは、どんなシーンですか？

いろいろなアンケート結果がありますが、緊張する場面の第1位は、「人前でのスピーチ」、そして、堂々の2位が「初対面での会話」です。

初対面の方だと情報も少ないので、「何を話そう……」と考えてしまい、緊張してうまく話せないのも当然です。

そんなときこそ、**「うまく話す」から「うまく質問する」に発想を転換してみてください。**

自分がペラペラ話すよりも、相手に質問する方が確実に会話が盛り上がります。

ただ、いくら質問が大事だからといっても「お仕事は？」「ご出身は？」「趣味は？」と、自分が聞きたいことを質問し続けると、警察の取り調べのようになってしまいます。

「自分が聞きたいことを質問する」、これは二流。

では、一流は？

まず「相手が話しやすいこと」を質問します。

「話しやすいこと」とは、お互いの半径1メートル以内にあるような身近な情報です。

たとえば、何かの会合に参加したときは、

「こちらの会合にはよく来られるんですか？」

「この会場は初めてですか？」

「お知り合いの方と一緒に来られたんですか？」

などと質問をする。

この会のことや会場に関することは、お互いの目の前にある情報であり、初対面でも話しやすい共通テーマです。

名刺を交換したら、

「会社は渋谷なんですね。渋谷はもう長いんですか？」

「素敵な名字ですね！　ご出身はどちらですか？」

と、名刺という目の前にある情報を通じた会話をするのもおすすめです。

お互いの身近にある情報は、質問する方も質問しやすく、答える方も答えやすいのです。

以前、初対面の方の社長室にお招きいただいたことがありました。

部屋に入った瞬間、飾ってあった絵画があまりにもゴージャスだったので、「社長、すごい絵画ですね！　海外の絵ですか？」と質問しました。

すると、社長は10分以上も絵画のことを丁寧に説明してくれ、冒頭から大いに会話が盛り上がりました。その日はほとんど営業はしていませんが、しっかり契約をいただいて帰りました。

まずは相手が話しやすい質問から。それは**目の前にある身近な情報に触れる**ことです。

そして**徐々に話題を発展させて、遠心力を使って会話を広げていけばいい**のです。

目の前の情報をよく見つめてみると、質問できる情報がたくさんあることに気づきます。

Road to Executive

一流は、
相手が話しやすいことを
質問する

☑ まず半径1メートル以内の情報で
質問を組み立てる

相手との距離感を掴む

三流は、個人的なことを質問し、二流は、当たり障りのない質問をし、一流は、どうやって距離感を掴む？

ボクシングでは、最初に必ずジャブを打ちます。相手との距離感を掴むためです。距離感がわからないと相手の懐に入り込めません。

会話はボクシングではありませんが、相手との距離感を掴むことはボクシング同様、本当に大事です。

距離感がわからないと、いきなり個人的なことを質問してドン引きされたり、当たり障りのない質問ばかりで、いっこうに仲良くなれないからです。

相手との距離感を掴む。ここでも一流は質問の仕方が秀逸です。

たとえば、初対面の人から「初めまして。子供のころ、どんな子でした？」と突然質問されたら、「え?!　何、急に？」と戸惑ってしまいます。

でも、「初めまして」の挨拶から始まり、仕事や趣味など比較的当たり障りのない質問から、徐々に出身地や家族の話になり、そして先ほどの「子供のころ、どんな子でした？」という質問をされれば、たとえ初めて会った人にでも喜んで答えます。距離感が近くなった感じがして、安心を覚えるからです。

一流は、「当たり障りのない外堀の質問」と、「その人の懐に飛び込む内堀の質問」を見事に使い分け、相手との距離感を測っているのです。

もし子供のころにいい思い出がなさそうな方や、子供時代について答えたくなさそうな反応だった場合は、「ところで最近お仕事はお忙しいですか？」と、また当たり障りのない質問に戻し、少し会話してからまた踏み込んだ質問をしてみます。

つまり、外堀、内堀、外堀、内堀を繰り返し、いけると思ったらグイグイ相手の懐に飛び込む質問を、マズそうだったら当たり障りのない質問を。まさにヒット&アウェイのごとく、相手との距離感を察知しながら会話を進めていきます。

これができないと、いきなり変な質問をして相手を不快にさせたり、無難な質問ばかりで全然距離が縮まらなかったりします。

ここで一つ疑問が浮かんだかもしれません。

「そうは言っても、どうやって相手との距離感を察すればいいのだろう?」と。

今どのくらい距離が近づき、離れたのか、数値でも出ていればわかりやすいのですが、そんなものはありません。

まさに身も蓋もないような話ですが、これは感じ取るしかありません。結論としては、嗅覚です。

すぐに嗅覚を強くするのは難しいかもしれませんが、嗅覚が弱い人の特徴はあります。

それは、相手を見ていないこと。見ていないので、相手の反応を見逃します。そうなるといっこうに距離感が掴めません。

反応にはいろいろあります。相手の表情が明るくなったり、暗くなったり。声のトーンが上がったり、下がったり。話すスピードもそう。どこかに変化は現れます。


相手に喜んでもらう会話をするには、まずは相手をちゃんと観察することから。一流はこういった鍛錬も怠らないのです。

Road to Executive

一流は、外堀と内堀の質問で距離感を掴む

質問に対する
相手の反応を見逃さない

質問をはじめる前に

三流は、いきなり話し出し、二流は、質問内容を細かく説明し、一流は、最初に何を伝える？

「前回の会議の件なんですけど、A社とB社に問い合わせているのですが……。A社だと少し予算が上回るのですが、サポートを無償でつけてくれるということで、B社はサポートはつかないんですがいつでも解約できるということで……」

「結局、何が言いたいんだ……」と思った経験はありませんか。

仕事で質問するとき、いきなり話し出すのは三流。聞き手からすると何の話なのかよくわからないからです。

最初に質問の内容について細かく説明するのもいいですが、説明が長いと「いったい何の話？」と思われてしまいます。

質問される人がまず一番に知りたいことがあります。

それは、**質問の「種別」**です。

少しイメージしてみてください。

ここは老舗の洋菓子会社です。あなたはこれから新商品の開発で洋菓子を試食します。

そのとき、
①「とりあえず試食してみてください」
②「試食したあとに、ひとこと感想を述べてください」
③「これとまったく別の味のものを提案してください」
試食前になんと言われるかによって、食べるときのスタンスが変わると思いませんか？


質問も同じことです。

最初に、「○○の件で、**共有**してもよろしいでしょうか？」と言われれば、「とりあえず聞けばいいのね」という態勢で聞きます。

「進捗を**報告**します」と言われれば、どこかに問題がないかを確認しながら聞きます。

「**相談**してもよろしいでしょうか？」と言われれば、「何か答えねば」と相談内容を吟味しながら聞きます。

「**アドバイス**いただいてもよろしいでしょうか？」と言われれば、的確なアドバイスを考えながら聞きます。

「**決裁**をいただいてもよろしいでしょうか？」と言われれば、かなり真剣に聞くでしょう。決裁ではお金が絡むこともあり、責任問題に発展することが多いからです。

つまり、質問の種別によって聞く姿勢が変わります。だから、質問される方は先に種別を知りたいのです。


質問の種別を伝えることは、今から話そうとすることのネタばらし。

いきなり話し出すのではなく、質問内容を事細かに説明するのでもなく、まずは、**「共有」「報告」「相談」「アドバイス」「決裁」など質問の種別を明かすこと。**

それを知ってこそ、相手は答える準備ができるのです。

相手がどういう態勢で聞けばいいかわかるように質問するのが一流です。

優秀な人は、いつも相手の頭の中から発想するのです。

Road to Executive

一流は、最初に質問の種別を伝える

☑ 相手に準備してもらってから質問をはじめる

複数の質問をする

三流は、ダラダラと質問し、二流は、「いくつか質問します」と伝え、一流は、最初に何を伝える？

質問したいことがたくさんある場合、一流は「質問が3つあります」という風に、**最初に質問の数を伝えます。**

おそらく「そんなの当たり前でしょ」と思う人が多いと思います。

たとえば、「エクセルの計算式について質問したいことがありまして、数式が崩れてしまって直せなくて、データが重いせいかすぐに固まってしまって、なぜかコピーするとセルがずれてしまい……」なんていろいろ質問されたら、いったい何に答えればよいのか混乱してしまいますからね。

複数質問したいことがあるときは、先に質問の数を伝える。これは、ビジネスシーンでは礼儀みたいなものです。

ただ、言うは易く行うは難し。それを徹底することは意外と難しいのです。なぜなら、ビジネスシーンでは「急に質問しなければいけない」「早く質問しないと聞くべき内容を忘れてしまう」など、質問の数をいちいち整理する時間がないことも多いからです。

プロのインタビュアーですら、プロ野球の監督へのインタビューなどで、よくこういう質問の仕方をしています。

「代打を送る選択肢はなかったですか？　そこに迷いはなかったですか？」

「選手を奮起させるときの言葉を教えてほしいのと、それから不調の選手にはどういった声をかけているのかも教えてください」

「監督は緊張しなかったのですか？　どうやって自分の気持ちをコントロールしていたのかも含めて教えていただけないでしょうか？」

このように、最初に「○点質問があります」と伝えずにいくつも質問されると、相手はいつまで質問が続くのかわからず、答える準備ができません。

また、総理大臣による記者会見でさえ、記者からこんな質問の仕方が頻発しています。

「教育費についてはどのような施策を考えているのか教えてください。また財源についてもお答えください。それから使い道を限定する教育国債について……」

「諸外国の対応についてどう評価されているのか伺いたいのと、対応における懸念についてもお聞きしたいと思います。それからもう一つ……」


同じようなことは職場の会話でも起こっています。

複数質問するときに、「質問が2つあります」「3つあります」と、質問の数を伝えることを徹底している人は意外と少ないのです。

だからこそ、これも訓練が必要です。訓練というとハードに聞こえるかもしれませんが、質問するときのルールを少し決めておくことです。

●ルール1：質問と回答は一対一で

「○○と○○と、あと○○について」と五月雨式に質問しないこと。

一つ質問して、一つ答えてもらう。答えてもらったらまた次の質問へ。

いろいろと質問したくなっても我慢して、一つずつ答えてもらう。そうすれば相手も混乱せずに済みます。

●ルール2：質問は3つまでとする

とはいえ、まとめて質問したいときもあります。

そのときは3つまでと決めておくこと。

「3の法則」というものがよく語られます。「世界3大○○」や「日本3大○○」など、3という数字は覚えやすいというものです。

人間の脳のキャパシティ的にも3つまでが記憶に残りやすく、それ以上になると急に覚えづらくなるともいわれています。

質問は3つまでと決めておく方が、相手の脳のキャパシティ的にも優しいです。

●ルール3：質問数をカウントする

ルール1「一つの質問に一つの回答」、まとめて質問したいときはルール2「質問は3つまで」とする。

とすれば、複数質問したいケースは自動的に「2つか3つ」になります。

「いくつか質問がありそうだ……」と感じたら、まず「2つか？　それとも3つか？」と自身でカウントしてから質問してください。

この3つのルールを徹底することで相手が質問の内容を整理する手間を省くことができます。

常に相手が答えやすいよう気遣って質問する。

相手をベースにコミュニケーションを設計するのが、一流の思考回路です。

Road to Executive

一流は、いくつも質問する前に質問の数を伝える

☑ 複数質問するときのルールを決めておく

指示を仰ぐ

三流は、「どうしたらいいですか?」と質問し、二流は、自分の意見を入れて質問し、一流は、どうやって指示を仰ぐ?

「どうしたらいいですか?」と聞いて、「あなたはどうすべきだと思うの?」「自分の意見はないの?」と言われた経験はありませんか?

丸腰の状態で質問されると、一から答えを考えないといけないので、答える方は大変です。

そういう背景もあって、「指示を仰ぐときは自分の意見とセット」ということがビジネス研修ではよく指導されます。

「○○商事様からクレームが入ったようです。どうしたらいいですか?」と質問されるより、「○○商事様からクレームが入ったようです。まず弊社の担当者に状況をヒアリングしたいと思いますがいかがでしょうか?」と、持論とセットで質問される方が相手は答えやすいからです。

それはとてもいいことですが、一流はさらに上をいきます。複数の選択肢を示しながら指示を仰ぐのです。

仮に、「お昼はカレーにする？　それ以外にする？」と聞かれたら、「ん〜」と一瞬考えそうです。「他には何かあるかなあ」と考えるからです。

でも、「お昼はカレーにする？　チャーハンにする？」と言われれば、スパッと決めやすいでしょう。選ぶだけでいいから楽です。

理屈はこれと一緒です。

指示を仰ぐとき、「AとBというパターンがあります。私はAでいきたいと考えておりますが、いかがでしょうか？」という質問の仕方で、選択肢を複数用意するということです。

先ほどの例なら、

「○○商事様からクレームが入ったようです。

A：まずは弊社の担当者に状況をヒアリングするか

B：至急私が○○商事様に連絡を入れるか

今回は至急私が連絡を入れた方がいいと思いますが、いかがでしょうか？」

と、**比較検討できる状態で質問します。**

それに対する答えは、

「たしかに前回も弊社の担当がやらかしているから、今回は君から連絡を入れてくれ」

「いや、まずは状況を把握することだ。弊社の担当にヒアリングをしてくれ」

など、いずれにせよ選択しやすくなります。

複数選択肢があるからこそ、「今回は私が直接出向く」という第三の選択肢も出やすくなります。

「どうしたらいいか？」と聞くのは三流、

「私はどうしたいか？」を伝えるのは二流、

「どういう選択肢があるか？」を伝えるのが一流です。


相手が答えやすい質問に昇華させていく。選択肢を示すようにするだけで、質問のクオリティが格段に上がっていきます。

Road to Executive

一流は、
複数の選択肢を用意して
質問する

☑ 相手が決めやすい状態をつくり
指示を仰ぐ

答えづらい質問

三流は、ストレートに質問し、二流は、詳しく話してから質問し、一流は、どうやって質問する?

「突然ですが、あなたは脱炭素についてどう思いますか?」

その道の専門家なら別ですが、よくわからないことを質問されると、質問された方は非常に苦痛を感じます。なんと答えていいかわからないからです。

しかも、相手に「わかりません」と言わせてしまうのは、相手を傷つける可能性もあるので賢明ではありません。

では、「脱炭素とは、地球温暖化の原因となる温室効果ガスである二酸化炭素の排出量をゼロにしようとすることで(かくかくしかじか……)、どう思いますか?」と、詳しく説明されたらどうでしょう?

先ほどの質問よりは答えやすくなるかもしれませんが、明確な答えを持っていないなら、いずれにしろ答えづらいですよね。

普段の生活で、突然、脱炭素のことを質問されることはないと思いますが、同じような例は職場でも起こります。

「何か斬新なアイデアはない？」

「お客様を増やすにはどうしたらいい？」

「チームの結束を高めるには何をすべきだと思う？」

そんなザックリした質問を突然されても、当たり障りのない答えしか見つかりません。にもかかわらず、「そんな意見しかないの？　もっとちゃんと考えてよ」などと叱られたら、たまったものじゃありません。

ですから、答えづらい質問は、答えやすい質問に変換する。これが鉄則です。

答えづらい質問をするときの具体策。それは、**枕詞**です。

「なんとなく」「仮に」「イメージ」「少し」「もし」といった曖昧な言葉を、あえて差し込んでしまうのです。

「次回会議で斬新なアイデアを提案したいんだけど、なんとなく思いつきそうなものはある？」

「仮に売上を上げるとしたら、どんな方法が想像できそう？」

「チームの結束を高めるために何かやりたいと思っていて。何かイメージできるものはある？」

「最近、課の様子はどう？　少し感じることってある？」

「もし思いつけばでいいんだけど、やめたいな〜と思う習慣はある？」

「明確に答えて！」とは言われていないので、質問された方も答えやすいです。

「もし思いつけばでいいんだけど……」と言われると、答えることを強制されていないため、心が楽になります。心が楽になるからこそ、素直に答えられるわけです。


答えづらい質問をするときは、枕詞を使って間違ってもいい、答えられなくてもいいという逃げ道をつくり、答える相手のハードルを下げること。


そうすることで安心感が生まれ、答えてもらえる確率が高まります。

ちょっとした枕詞ですが、言葉の端々まで注力できるのが一流の力量です。

Road to Executive

一流は、枕詞を使って質問する

☑ 回答のハードルを下げて質問する

意見を求める

三流は、意見を求めることができず、二流は、「意見はありませんか？」と質問し、一流は、どう質問する？

意見を求めるときも、質問の仕方に工夫が必要です。

「○○について、何か意見はありますか？」

「○○さんの発表について、どう思いますか？」

「○○の視察はどうでしたか？」

この「何かありませんか？」や「どうですか？」というのは**抽象的な質問**です。

抽象的な質問は、質問の内容が限定されていないので、自由に答えることができるというメリットがあります。

一方、何を答えたらよいのかがわかりにくいというデメリットもあります。

では、「○○について、賛成ですか？　反対ですか？」と質問したらどうでしょう。

これは**具体的な質問**です。

「○○さんの発表は、最後のメッセージに相当想いが込められていたと感じますが、その点はどう思いますか？」などというのも、具体的な質問です。

具体的に質問されると、何を聞かれているか明確なので答えやすくなります。

一方、活発な議論になりにくいというデメリットもあります。

抽象的な質問と具体的な質問は、まさに一長一短なのです。

では、一流はどうやって意見を求めるのでしょうか？

一流は、**抽象的な質問と具体的な質問を使い分けます**。

司会者：「何か意見はありませんか？」（抽象的な質問）

参加者：「……」

司会者：「意見と言われても難しいかもしれませんが、もう少し詳しく質問したい部分はありますか？」（具体的な質問）

参加者：「質問というわけではないんですが……」

このように、具体的な質問にすることで参加者の発言が出てくることがあります。

これは司会者が雰囲気を察して、抽象的な質問と具体的な質問を使い分けているのです。

抽象的な質問と具体的な質問に善悪はありません。ケースによってどちらも必要です。

抽象と具体の質問を使い分ける。なかなか難易度が高そうですが、実は、私たちは日常生活では意外と自然に使い分けているものです。

たとえば、「先月、旅行に行ってきた」と聞いて、「どうだった?」と抽象的な質問をすることもあれば、「佐藤くん、最近3回連続で遅刻しているけど、それについて何か言っていなかった?」などと具体的に質問するときもあります。

無意識に、状況に応じて使い分けているのです。

抽象的・具体的な質問を使い分けるには、まずはどちらかの質問をしてみることです。質問したときの反応で、どちらに舵を切ればいいかが見えてきます。

Road to Executive

一流は、抽象と具体の質問を使い分ける

状況に応じて
質問の抽象度を変える

Chapter 2

盛り上がる質問

されて嬉しい質問

三流は、相手が話したくないことを質問し、二流は、相手が話したいことを質問し、一流は、どうやって質問する？

されて嬉しい質問とは、相手が話したくない内容より、相手が話したい内容であることは火を見るよりも明らかです。

「最近太りました？」なんて質問したらジエンド。その後、何を話しても盛り上がることはないでしょう。

反対に、健康に気を使っていそうな人であれば、「どんなことに気をつけているんですか？」「どんな運動をされているんですか？」「どんな食事をされているんですか？」と、相手が関心のあるテーマを質問すると会話は盛り上がります。

「相手が話したいことを質問する」。これはコミュニケーションの鉄則です。

ただ、本項ではもう一歩踏み込んで、「**話していて嬉しくなるほどの質問**とは？」ということに迫っていきたいと思います。

「褒められると嬉しい」。これは人間の根本心理だと思います。

褒められる行為自体も嬉しいですが、何より「他者が自分に対して関心を持ってくれた」ということが人に喜びを与えます。

これをベースに質問を組み立てます。

つまり、話していて嬉しくなるほどの質問とは、**「褒めるを混ぜる」質問**です。

健康に気をつけている方には、「どんなことに気をつけているんですか?」ではなく「どうやったらそんな体型が維持できるんですか?」と聞く。

1ヶ月に10冊も本を読んでいる方には、「どんな本を読んでいるんですか?」ではなく「なんでそんなに意識が高いんですか?」と聞いてみる。

いつも仕事が速い方には、「何かコツがあるんですか?」と聞く代わりに「どうしたらそんなに頭の回転が速くなれるんですか?」と聞く。

後者の質問はどれも「褒める」が混ざっています。質問された相手が思わずニコっとしてしまうような質問です。

相手の良いところをキャッチして質問の中で触れるということは、言うほど簡単ではありませんが、ポイントはあります。

それは、**「こと」より「出どころ」**です。**その人がどんな「こと」に興味を持ったかよりも、どうしてそうなったのかの「出どころ」を探る質問**です。

出どころのことを「動機」といいます。

具体的にはこういう質問です。

「どうしてそんなに意識が高くなったのか？」

「なぜそんなに努力ができるのか？」

「どうしたらそんな風になれるのか？」

動機とは物事を始めるきっかけです。何事も始めるときが一番熱を帯びています。それを再燃させてくれる質問をすると、相手も嬉しくなって答えてしまうのです。

一流はこのくらい相手のことを意識して質問をしています。だから必然的に会話が盛り上がるのです。

Road to Executive

一流は、質問に「褒める」を混ぜる

「こと」より「出どころ」を意識して質問する

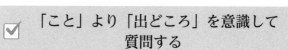

相手の苦労話

三流は、「へ〜」で終わり、二流は、内容について詳しく質問し、一流は、どのように質問する？

誰だって大変だったことや苦労した経験はあります。

会社が倒産しかけた人もいれば、大切な人に裏切られた人も、学校の受験で苦労した人だっているでしょう。苦労に大小はありません。

「大変」とは、大きく変化すると書きます。それを乗り越えるのには相当パワーが必要です。

それを踏まえると、相手の苦労話を聞くときのポイントが見えてきます。

苦労した内容を詳しく質問すること……ではありません。

相手の苦労を共に味わうことです。

たとえば、「昨年、会社が倒産しかけたんです」というお話。

「何があったんですか？」「どうしてそうなったんですか？」「どうやって乗り越えたのですか？」と質問ばかりすると、尋問のようになります。

そこで、質問する前にひとこと、その苦労を共に味わう言葉を付け加えてみてください。

「そうなんですね。それは本当に大変でしたね。何があったのですか？」

「そんなことが……。相当ご苦労されたのではないですか。どうしてそんなことに？」

「それは厳しい経験をされましたね。どうやって乗り越えたのですか？」

同じ質問をするにしても、ひとこと、共感のメッセージがあるだけで随分と尋問っぽさが抜けたと思います。

共感することで、相手との心の距離が近づくからです。

もう一つ、簡単な例を。

もし友達が松葉杖をついて歩いてきたら、AとB、どちらのパターンで質問しますか？

A：「どうしたの？」

B：「え！　痛そう！　大丈夫？　どうしたの？」

Bのように、痛さを共に味わう優しいひとことがある方が、質問にも温かさが出てきます。

質問が尋問のようになる人は、聞きたいことが先走り、相手が言ったことに対するフィードバックが足りていません。

「いつ」「どこで」「何をしていたんですか？」と質問を連発するのではなく、

「旅行に行かれたんですね！　いいなー、まさに旅行シーズンですもんね。どちらに？」

「沖縄ですか。暖かくて気持ちがよさそう！　何をされたんですか？」

「スキューバ！　すごい楽しそう！　以前もやられたことがあるんですか？」

などと共感してから質問をすることです。

まず相手に寄り添うひとことがあるだけで、お互いの距離はグッと近くなります。

一流は距離の縮め方もうまいです。プロフェッショナルとしての営みは、こういう小さなひとことから始まります。

Road to Executive

一流は、
共に味わってから質問する

☑ 相手に寄り添うひとことで
心の距離を近づける

相手の能力を引き出す

三流は、相手に能力がないと思い込み、二流は、得意なことを質問し、一流は、どんな風に質問する？

突然、「あなたの得意なことは何ですか？」と質問されたらなんと答えますか？

「私の得意なことはコレです！」とズバリ言える人は稀だと思います。

普通は、「何かあるような気もするけど……。でも得意かと言われるとそこまでではないような……」という方が多いのではないでしょうか。

ただ私は、これまで数多くの受講生と接してきて、こうも思います。

「誰もが必ず素晴らしい能力を持っている」と。

みなさんはまだ気づいていないだけです。

そして、それに気づかせるのもまた、質問の力です。

いきなり得意なことを質問されても答えにくいものですが、一つ具体例があると急に答えやすくなります。

想像を込めてこう質問してみてください。

「もしかして○○さんは、一つのことに集中すると爆発的にパワーを発揮するタイプですか？」

「○○さんは、やはり物事を正確に捉えるのが得意なんですか？」

相手が得意だと思うことを、選択肢の一つとしてテーブルの上にのっけます。

「いえいえそんなでも」とか「たしかにいろいろやるより一つのことに集中する方が得意です」など、何か返答があるでしょう。

もしかすると、「いえ、一つのことに集中するより、マルチにやる方が得意です」と返ってくるかもしれません。それでもいいのです。

想像を込めて質問するのは、正解を言い当てるためではありません。発想を広げることが目的です。

A：「先輩は、よく後輩に相談されていますよね。話を聞くのがメチャメチャうまいんじゃないですか？」

B：「そうかな。まぁ、話を聞くのは好きかな」

こんな何気ない会話も、相手の能力を引き出す会話になります。人の話を聞けるというのは素晴らしい能力です。

質問のポイントは、**「もしかして」**です。**想像を込めて質問すること。**

素材があれば、それについて考えるきっかけになります。自分の能力を引き出すために、一歩前進できます。

人は誰もが無限の能力を秘めています。

それもまた、質問から発見することができるのです。

Road to Executive

一流は、
想像を込めて質問する

「もしかして」を使って
発想を広げる

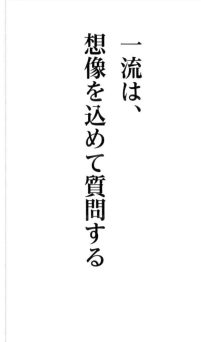

答えたくなる質問

三流は、答えてもらえず、二流は、誰でも答えられる質問をして、一流は、どういう形式で質問する？

「鳴かぬなら　殺してしまえ　ホトトギス」が信長。

「鳴かぬなら　鳴かせてみよう　ホトトギス」が秀吉。

「鳴かぬなら　鳴くまで待とう　ホトトギス」が家康。

あなたなら、「鳴かぬなら」どうしますか？

これが結構面白い質問で、当スクールの受講生からは「鳴かぬなら　私が鳴こう　ホトトギス」とか「鳴かぬなら　まず話を聞こう　ホトトギス」などいろいろな案が出ました。

さて、この「あなたならどうしますか？」という質問。これは、**「バイネーム」**を使った質問です。バイネームとは、「個人名」とか「名指し」という意味です。

不特定多数に質問しているのではなく、他でもない「あなたに」に向けた質問ということです。

これはマーケティングでもよく使われる手法で、不特定多数にメッセージを送るより、「○○さんへのご提案」という切り出し方でメールを送付した方が、開封率が圧倒的に高くなります。

先ほど、「あなたなら、鳴かぬならどうしますか？」と質問されたとき、少し考えていただけたのではないでしょうか。中にはパッと思いついた方もいるかもしれませんね。そうなんです。「あなたなら？」といったバイネームで質問をされると、自然に考えてしまうのです。なぜなら、自分に語りかけられているからです。

大勢に向けた「みなさん、おはようございます」という挨拶なら、挨拶しなくてもわかりませんが、「桐生さん、おはようございます」と言われれば、私は無視するわけにはいきません。必ず答えようとします。

だから、**相手が話したくなるような質問をするには、「○○さんなら？」という形式で質問を設計する**ことです。

「○○さんは、こういった困難にぶちあたったときどうしますか？」
「○○さんがおすすめするストレス解消方法ってありますか？」

こんな感じです。

さらに、これを何気ない会話に応用してみてください。他愛もない話でも盛り上がることが可能です。

「○○さんって、旅行は緻密に計画を立てるタイプですか？　それとも現地に行ってから自由に決めるタイプですか？」

「○○さんは、翌日の服装は前日のうちに決めておくタイプですか？　それとも当日の雰囲気で決めますか？」

なかなか性格が表れそうな質問で面白いですよね。

相手が話したくなるのは、「あなたに向けた質問です」ということが明確に示されたときです。

ぜひ「○○さんは」「○○さんなら」を頭につけて質問してみてください。

Road to Executive

一流は、バイネームで質問する

☑ 「あなたなら？」という質問で会話を盛り上げる

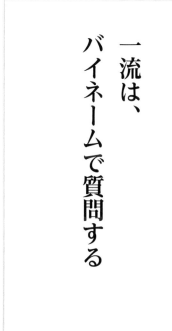

話しやすい空気をつくる

三流は、自分のことばかり話し、二流は、相手のことばかり質問し、一流は、どうやって質問する？

当たり前のことをいいますが、**人は情報がない相手とは話せません**。どこの誰だか得体の知れない人と話すのは不安だからです。

だからビジネスシーンでは名刺交換をして、互いの情報を開示します。

話しやすい空気をつくるには、表情や雰囲気も大事ですが、大前提として、**自分の情報を開示すること**が基礎中の基礎です。

ただ、中には「自社のことや、自分のことを一生懸命話しているのですが、なかなか会話が盛り上がりません」という人もいます。

自分の情報を出し過ぎる人は、自分のことばかり話す自分勝手な人だと捉えられ、それはそれで相手に不快感を与えます。

自分の情報をまったく出さない人とは安心して話せない。かといって情報の出し過ぎも不快感を与える。となると、どのくらい情報を出せばいいのか、この塩梅が難しいですね。

一流は、情報開示の塩梅を、相手の様子を感じ取りながら判断します。

相手が安心して話してくれそうなら、積極的に相手の話を聞く。

もし**相手が話しにくそうなら、積極的に自分の情報を開示する。**そして相手が安心してくれたらまた相手の話を聞くことに集中する。

まるで、相手の心に扉があって、その開閉具合を確認しながら話しているかのようです。

もし相手が口数が少ない人なら、あなたから先に1枚カードを切ってください。

「私の会社はこの近くなんです」と。そして「〇〇さんもこの近くですか?」と質問してみてください。

「私、この会に参加するのは初めてなんですが、〇〇さんは何回目ですか?」

「私、営業職なんですが、実は営業が苦手で……〇〇さんは得意ですか?」

というように。

自己開示してから質問する→相手からも自己開示してもらう→またこちらから自己開示して質問する。このサイクルで、話しやすい空気をつくっていきます。相手と手と手を取り合って一緒に階段を登っていくイメージです。

私はよく経営者の方とお話ししますが、大御所といわれる人ほど、どれだけ自分がドジでまぬけでおっちょこちょいかを、先に話してくれます。

それを聞くと、新米の経営者たちは安心して自分の失敗談や悩みを話せます。この空気をつくるのもまた、一流の技です。

相手の感情を汲み取りながら、自己開示というカードを1枚ずつ切っていく。

常に相手を起点にして会話を進めるのが、本物のコミュニケーターです。

Road to Executive

一流は、自己開示してから質問する

☑ 相手の心の開き具合を感じ取りながら会話を進める

笑いが生まれる質問

三流は、変な質問で場をしらけさせ、二流は、無理に笑わせるような質問をし、一流は、どんな質問で笑いを生む？

盛り上がる会話には、やはり「笑い」も大事な要素です。

プロの芸人さんのように爆笑を生み出す必要はないと思いますが、それでも思わずクスッと笑ってしまうような会話ができると、その場がパッと明るくなります。

笑いもまた、質問から生み出すことが可能です。

「笑える質問とは何か」。これだけ考えるとなかなかハードルが高そうですよね。こういう難しいお題を考えるとき、我々講師がよくやる手法があります。

それは、「反対から考える」です。まず、「笑えない質問とは？」ということを考えます。

たとえば、「○○で災害が発生しました。そのことについてどう思いますか？」と質問されれば、相手は笑わず真剣に答えると思います。

会社の会議で、「先月の経常利益はいくらだった？」と質問されても真面目に答えるでしょう。こういった真剣なテーマに笑いを混ぜたら不謹慎です。

では、その逆は?

「適当に答えても問題ない質問」、つまり、くだらない質問やどうでもいい質問です。

以前セミナーで、「おにぎりの具材は鮭派ですか? 昆布派ですか?」という質問をしたところ、想像以上に盛り上がったことがあります。

実はこのお題、メンタリストで有名なDaiGoさんのYouTube「絶対に滑らない話題」という動画を参考にしたものです。

DaiGoさんはこの動画の中で、ダニエル・ギルバート氏の実験を紹介されています。

被験者を2グループに分けて、一つのグループには面白い動画を、もう一つのグループにはつまらない動画を見せたとのこと。つまらない動画というのがまさに「おにぎりの具材は何がいい?」みたいなどうでもいいことを話し合っている動画です。

動画を見たあと、グループ内で自由に感想を語ってもらいました。普通、面白い動画を見たグループの方が会話が盛り上がりそうですよね。

でも、結果は逆で、つまらない動画を見たグループの方が断然会話が盛り上がったというのです。DaiGoさんいわく、「『おにぎりの具材は何がいい？』『目玉焼きはソース？醤油？』みたいに、どうでもいい話の方が自由に意見を述べやすい。だから会話が盛り上がる」とのこと。

たしかに、私が出演させていただいたテレビ朝日の「マッドマックスTV・論破王」では、いろんな芸能人の方が「蓋をあけるときの音は『パカ』か？『カパ』か？」などのどうでもいいお題についてディベートしています。だからバラエティーとして面白いんですね。

「○○さんは海外出張が多いんですね」などと真面目な会話をしつつ、「ところで機内食はビーフorフィッシュどっちですか？」なんて質問されたら、一瞬「それ聞いてどうする？(笑)」と思いますが、笑いながら答えてしまいそうです。

時々どうでもいい質問を差し込んでみると、会話に緩急がつきます。**くだらない質問を不意に差し込んで笑いに変える**。そんな技も一つ知っておくと便利です。

Road to Executive

一流は、
どうでもいい質問で
笑いを生み出す

☑ 自由に意見が出せる質問で
会話を盛り上げる

会話が止まったら

三流は、携帯を触り出し、
二流は、無理やり質問を考え、
一流は、どう質問する？

ひとしきり会話したあと、急に訪れるあの沈黙。話すことがなくなり、ピタッと会話が止まる瞬間ってありませんか？　結構あの間が怖かったりしますよね。

特に、あまり親しくない人との会話や、初デートなんかでは会話が続かないことがよくあります。だとしても、会話が止まったとき、思わず携帯を触ってしまうのは悪手です。

相手に、「話すことがないんだ……」「自分と話していてもつまらないのかも……」と思わせてしまいます。もちろん、そんなつもりはなくても、です。

普通は、無理やり相手に質問するか、強引に話題をひねり出すか、どちらかですよね。

でも、これも焦りが伝わり、相手も居心地が悪くなるので得策ではありません。

会話が止まったときこそ、落ち着いて、優雅に、自然に、会話をリードしたいものです。

「会話が止まる」ということを悲観的に捉える人は多いです。

でも、楽観的に考えれば、その前までは何かしら話をしていたということです。つまり、何か話題はあったということ。

だから無理に話すことを見つけなくても、前の会話をフォローすればいいのです。

たとえば、「鹿児島の屋久島に旅行してきた」という話をしていたとしましょう。

「すごいパワースポットだった」「縄文杉に最高に癒やされた」など、ひとしきり話を聞いて、「また行けるといいね」と言って、これで会話がピタッと止まったとします。

ここで焦ってはいけません。

そんなときこそ、**落ち着いて、優雅に、自然に、「そっか」「そうだよね」「それって」「それから」など「そ」から始まるワードを使って、それまでの話に触れてみてください。**

「そっか。めちゃめちゃ人気のパワースポットだよね？」

「そうだよね。縄文杉って有名だもんね？」

と言えば、会話がリスタートするきっかけになります。

さっき同じ話をしたとしても、

「そっか、そっか。それってやっぱりものすごい癒やされる感じ?」

と、再度触れてもいいわけです。いずれにせよまた会話が始まります。

「それって、リラックス効果もあるの?」

と、相手の話を確認することもできます。

「それからどうなるの?」

と、さらに話を進展させることもできます。

「そっか」は、相手の話を**認識**しているワード。

「そうだよね」は、相手の話に**共感**しているワード。

「それって」は、相手の話を**確認**しているワード。

「それから」は、相手の話を**進展**させるワード。

この**「そ」で始まる言葉は、相手の話に再度フォーカスし、沈黙を打ち破る至極のワードになります**。

会話が止まれば、相手だって気まずさを感じています。だからこそ、あなたはひと呼吸おいて、冷静に、前の会話を振り返ってみてください。

そんな落ち着いた姿が、相手にさらなる好印象を与えることでしょう。

Road to Executive

一流は、前の話題を自然に広げる

「そ」で始まるワードを
使って質問する

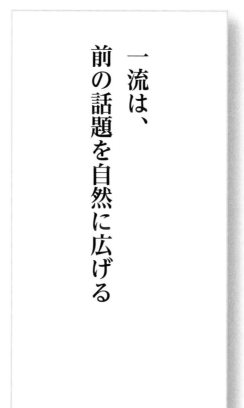

相手が考え込んだら

三流は、気まずくてアタフタし、
二流は、違う質問で話題を変え、
一流は、どういう態度を取る？

あなたの質問によって相手が考え込んだら。そんなとき、あなたは相手が答えるまで待つ勇気がありますか？

もし待てるなら、あなたは一流のコミュニケーターです。相当肝が据わっています。普通は、相手が考え込んでしまったら待てないものです。気まずくてアタフタしたり、何か口走ったりしてしまうもの。

具体例として、私の失敗談をお伝えします。

営業職をしていたときのことです。お客様に「それではご契約を」とクロージングする場面がありました。

お客様は少し考えています。私はそのときの沈黙が気まずくて、「今日ご契約いただければ入会金はゼロ円です」とか「今月は割引対象になります」などと、いろいろ口走りました。「何か気になる点はありますか？」と質問することもありました。

こういうときはだいたい、「検討します」と言われて契約がいただけません。

お客様は契約するかどうかを黙って考えているのです。それを邪魔されたので契約しないのは当然です。

では、一流は、相手が考え込んだらどうするか？

相手の答えを「じっと待つ」のです。

人は、自分のことは自分で決めたい、自分で考えたいからです。その時間を奪ってはいけないのです。

とはいえ、「あの間にどう耐える？」という問題もあります。

私が具体的に実施しているのは次の2つです。

①軽く目線を外す

②自分の呼吸に集中する

じっと見られていると、相手も答えづらいですし、自分の呼吸に集中していると気まずさを感じなくて済みます。あっという間に時が過ぎます。

最初は勇気がいるかもしれませんが、大丈夫です。考え込むというのは、答えにつながる因子があるということです。相手もそれに向かって歩み始めています。

私たちができることはそっと見守ることです。

まさに「沈黙は金、雄弁は銀」です。待つことも、一流への登竜門の一つです。

Road to Executive

一流は、
相手の答えをじっと待つ

☑ 相手が考え込んだら、目線を外し、
自分の呼吸に意識を向ける

Chapter 3

好かれる質問

相手を褒める

三流は、褒めることができず、二流は、外見を褒める質問をして、一流は、何を褒める質問をする？

前章でもお伝えしましたが、褒められれば誰でも嬉しい気持ちになります。

相手が自分のことをわかってくれたと思うからです。

ただ、嬉しくない褒め方もあります。

それは、思ってもいないことを適当に褒められることです。


「テキトー男」として有名なのが、タレントの高田純次さん。

「キミ、松嶋菜々子に似てるって言われない？　言われないの？　じゃあ、似てないんだね」

これは、高田純次さんが言うから面白いギャグとして成立しますが、普段の生活で、いきなり「おしゃれですね」「お綺麗ですね」なんて褒めると、「適当に言ってそう……」「みんなに言ってそうだな……」「なんか裏がありそう……」と思われてしまうこともあります。

余談ですが、以前とある会合で、参加者の男性が女性に「高そうなバッグですね」と言って（本人は褒めたつもり）、女性にドン引きされていました。いきなり持ち物のことに触れられてビックリされたのですね。

良かれと思って言ったことが仇になることもあります。

相手を褒めるとき、外見にフォーカスするのは普通のことです。それが情報として一番入手しやすいからです。

ただ、冒頭でも伝えた「自分のことをわかってくれている」を提供するには、外見にもう一つ追加する必要があります。

そう、**「内面」**です。


たとえば、取引先との会話。

「〇〇部長はいつもおしゃれですね（外見）。やはり見た目を大事にされる意識が相当高いですよね？（内面）」

「スーツとネクタイの色がすごく合っていますね（外見）。そういうセンスはどうしたら身につくのですか？（内面）」

これらは、**外見をきっかけに内面にタッチしていく質問**です。

相手が普段から心がけている考えや心構えに興味を持つことです。

ただの「おしゃれですね」という褒め言葉と比べてみると、上辺だけじゃなく、本当の自分を知ろうとしてくれている感覚が伝わってくるのではないでしょうか。

「すごい！　また今月も目標を達成したんだね」。これは結果として見えているもの。そこに、「どうしたらそんなにまっすぐ打ち込めるの？」を足す。これが、一歩内側に迫った質問です。

大切なことは、相手のことを知っているということではありません。知ろうとすることです。その姿勢に相手は嬉しさを感じます。そしてその喜びもまた、質問から紡ぎ出すことができます。

ぜひ、相手の内面にタッチする質問で、相手の喜びを満たしてください。

Road to Executive

一流は、
内面を褒める質問をする

☑ 「自分のことをわかってくれている」
という喜びを与える

喜ばれる相談

三流は、相談することができず、二流は、「〇〇をどう思いますか？」と質問し、一流は、どうやって質問する？

「報連相」という言葉は聞いたことがあると思います。仕事では報告と連絡はマストです。それがないと実態がよくわからないし、周りにも迷惑をかけてしまいます。

でも、相談は微妙だと思いませんか？　相談しづらければしないこともできるし、そもそも相談自体が苦手な人もいます。

一方、積極的に相談して、どんどんアドバイスをもらい、ガンガン行動していく人もいます。しかも、相談にのってもらう相手に気持ちよく答えてもらえる、まさに「相談上手」というやつです。

なぜ気持ちよく相談にのってもらえるのか。

ポイントは、気持ちよく答えたくなるような質問で相談をすることです。

一流は、「人がされて嬉しいこと」を熟知しています。その代表格が「**信用される**」ことです。

信用の反対は疑惑です。仮に、いつも疑われていたらどうでしょう。少し帰社が遅れたら「さぼってたのか！」と言われる。ほんの小さなことでも「何勝手に決めているんだ！」と怒鳴られる。毎回指摘され、常に不信な目で見られている。これじゃ生きている心地がしないですよね。

信用とは、確かなものと信じて受け入れることです。つまり「信用する」とは、これまで相手が歩んできた形跡を評価しているということ。

面接で過去の経歴を評価されれば嬉しくなります。また、これまでのキャリアを信じて仕事のオーダーが来たら、それも嬉しいことです。

人は信用されると喜びを感じるのです。

話を相談に戻すと、喜ばれる相談というのは、**「あなたを信用して」といった特別感を出した質問**です。

難しいことはありません。相談するときに、

「ぜひ○○さんに伺いたいのですが」

「○○さんだからこそ聞いてみたいことがあるのですが」

「こんなこと○○さんにしか相談できなくて」

といった言葉を加えてから質問するのです。

「○○部長も最初は企画を立てるときに大変な思いをされたのではないかと思います。そこでぜひ相談させていただきたいのですが、企画を立てるときに最初に実施されたことは何でしょうか？」

「○○先輩はこの分野のパイオニアだと思います。ぜひ伺いたいのですが、○○についてどう思いますか？」

「人事労務のことなら○○さんに聞くのが一番いいと思いまして、一つ質問してもよろしいでしょうか？」

このように質問されたら、きっと相手は照れながらも嬉しそうに答えてくれるはずです。

相手に相談するということは、相手の時間を奪うことにもなります。だからこそ敬意を持って、相手が答えたくなるような質問をする。これも一流の礼儀です。

その気持ちが伝わるからこそ、相手は気持ちよく答えてくれるのですね。

Road to Executive

一流は、特別感を演出して質問する

☑ 信用を伝えて相手が相談にのるモチベーションを高める

イメージしやすい質問

三流は、質問の内容が伝わらず、二流は、丁寧に質問して、一流は、どのように質問する？

何の質問をされているかよくわからない……。

これは質問される側にとって非常に苦痛です。「どういう意味ですか？」と質問を質問で返さないといけません。

質問内容を丁寧に説明してもらえるのもありがたいですが、ずっと聞き耳を立てて聞いていないといけないので、これも質問される側の疲労を溜めます。

できればパッとイメージできる質問をしてほしいところ。

そんなときに威力を発揮するのが、**「例え話」を使った質問**です。

例えを交えて質問すると、一瞬でイメージができて、相手は答えやすくなります。

面接を例にしてみましょう。

急に「あなたはどんな性格ですか？」と質問されても答えにくいと思います。

当社のクライアントにも面白い質問をする企業があるのですが、面接で「自分を家電製品に例えると？」と質問するそうです。

面接者からは、

「ソファーです。家族全員を包み込みます」

「エアコンです。その場が快適に過ごせるように調整します」

「冷蔵庫です。寒いギャグでその場を凍らせます（笑）」

など、いろいろな回答があり、その人の性格やキャラが見えてきて面白いそうです。

以前、動物タイプ診断が流行りましたが、これも「自分を動物に例えると？」という例え話を使った質問です。

ライオンはリーダー、イヌはムードメーカー、クジャクは芸術家タイプ。

カラーセラピーも流行りました。「自分を色に例えると？」という質問で、赤は情熱的、青は爽やか、紫は神秘的、白は純粋。

質問内容を一発でイメージしてもらうなら、長々説明するよりも、何かに例えて質問する方が、質問の内容が高速で伝わります。

お店のコンセプトをヒアリングするときも、

「たとえば、ファミレスみたいにたくさんメニューを取り揃えている感じですか？　それよりこだわりの一品を出すような老舗的な感じですか？」

と、例えて質問する方が相手は答えやすくなります。

相手が答えづらそうなときこそ、「たとえば」という枕詞を使って、何かに例えて質問してみてください。

「A≒B」という公式で、Aという質問に似ているBを当てていきます。

質問に答えてもらう相手を配慮する。これは質問の腕を上げる大前提です。

相手が答えやすい質問を開発していくことが、あなたの質問力を向上させる起爆剤になります。

Road to Executive

一流は、例え話で質問する

☑ 質問内容と似ているものをぶつけて
イメージしやすくする

関係性を深める

三流は、相手と距離をおき、二流は、「何をしたか？」で関係性を深めようとし、一流は、どんな質問で関係性を深める？

相手との関係性が深まるとき。それは気持ちが通じ合ったときではないでしょうか。

「え！　○○さんもあの漫画好きなんですか？」と趣味が一致したとき。これは好きという気持ちが重なり合った瞬間です。

「私も毎週見てます！　あのドラマほんとに泣けますよね～」というときも、感情が動くツボが合致したときです。

また、同じ体験を通じて楽しい気分を一緒に味わったときも、相手が切ない気持ちを理解してくれたときも。人は感情を交換したときに距離がグッと縮まります。

それを踏まえると、「事柄」よりも**「感情」に触れる質問**の方が、相手との関係性を深めることがわかります。

事柄とは、「何をしたか？」を聞く質問です。

「週末は何をされたんですか？」

「今何のプロジェクトに取り組んでいるのですか？」

それが悪いというわけではありません。その質問が必要なときもあるでしょう。

しかし、一流はもう一歩関係性を深める質問をします。

A：「週末は久しぶりに海に行ってきました」

B：「海！　いいな～！　久しぶりに行って気持ちよかったのではないですか？」

「それをしたとき、どう感じましたか？」という、まさに感情に触れる質問です。

A：「50周年を記念した新商品の開発に携わっておりまして」

B：「お！　一大プロジェクトですね！　どうです？　楽しいですか？」

これも相手の気持ちに触れる質問です。

相手の返答は、「楽しいです！」かもしれないし、「それが実は……」と思いもよらぬ気持ちを吐露してくれるかもしれません。これも感情を交換することで距離が縮まったからこそです。

ヒーローインタビューでは、「今のお気持ちは？」「手応えありましたか？」「やりきった感はありますか？」と質問するケースがあります。

これもヒーローと視聴者の気持ちを通じ合わせるシーンです。

喜ばれる質問は、相手の感情にフォーカスする質問。

「すごくワクワクしたのではないですか？」「最高に幸せだったのでは？」

などの前向きな感情を宿す質問から、

「だいぶご苦労されたのではないですか？」

「相当大変だったのでは？」「それは切なかったのでは？」

などと辛かった感情を癒やす質問に至るまで。

相手との関係性を深めるためには、**「何を？」を質問したあとに、もう一歩踏み込んで「どう感じたか？」まで質問してみてください。**

まさに相手の感情に素手で触れたような、相手のことが本当によく理解できる質の高いコミュニケーションになります。

Road to Executive

一流は、「どう感じたか？」で距離を縮める

☑ 感情を交換することで関係性を深める

相手の意見が知りたい

三流は、意見を聞く耳を持たず、二流は、「○○についてどう思う？」と質問し、一流は、どうやって質問する？

「日経平均株価がバブル後、最高値を更新しました。どう思います？」

急にこんな質問をされたら困りませんか？

「どうって、何が??」と思ってしまいそうです。

普段生活をしていて日経平均について聞かれることはあまりないと思いますが、アバウトな質問自体は、日常生活にもあふれています。

「今度の新企画、いい感じで進んでる？」「いまのチームどんな感じ？」「今回の運用変更、どう思う？」

質問が曖昧すぎていて、何を答えたらいいかわかりませんよね。

「やぁ、元気？」といった挨拶程度の会話ならいいですが、相手の意見をしっかり聞きたいときは、相手が答えやすいようにお膳立てをする必要があります。

先ほどの日経平均の話題。話題としては難しいテーマではありますが、回答のサンプルを入れてから質問したらどうでしょう？

「日経平均株価がバブル後、最高値を更新しました。株価が上がれば、会社の価値が上がり、優秀な人材が採用できるようになると思いますが、どう思います？」

上の句「日経平均株価が」と、下の句「どう思います？」は冒頭と一緒ですが、間に一つの例を入れました。

答え方は、「そうですね」なのか「そうとは言い切れません」なのか、どちらでもいいと思います。

お伝えしたいことは、**「アバウトな質問でも、一つ具体例を差し込むと答える方向性が見えてくる」**ということ。

よく会議でもありませんか。最初は誰も発言しないのに、一度誰かが発言するとそこから雪崩を打ったかのように意見が出始めることが。

答えの方向性が見えると人は安心して意見が言いやすくなるんですね。

相手の意見をしっかり聞きたいときこそ、具体例や感想をアドオンしてから質問すると、相手は答えやすくなります。

「今度の新企画、すごく面白く仕上がっているようだけど、いい感じで進んでる？」

「いまのチーム、すごい活気があるように見えるんだけど、どんな感じ？」

「今回の運用変更、工数がかかりすぎると思うんだけど、どう思う？」

こういったワンフレーズを差し込むのは、あくまでも自分の考えを先出しして従わせることが目的ではありません。相手が答えやすいように回答の方向性を示すことです。

質問に答えるということは、相手はリスクを抱えます。

「何を答えたらいいだろう……」「変なこと言って怒られないかな……」と心配することもあります。時にはうまく答えられなかった自分を蔑むことだってあります。

質問する方はまったく気にしていませんが、質問に答える方は一大事です。

相手の意見が知りたいなら、相手が意見を言いやすい土壌をつくるのもまた愛情の一つです。

Road to Executive

一流は、一つサンプルを伝えてから質問する

☑ 回答の方向性を示すことで答えるリスクを下げる

回答の意味がわからない

三流は、「言っていることがよくわかりません」と言い、二流は、「つまりこういうことですよね？」と質問し、一流は、どのように質問する？

質問に答えてもらえるのは嬉しいことです。

でも、時々困ることがあります。それは、相手の言っていることがよくわからないときです。

先日、家電屋さんに照明を買いに行ったときのこと。

店員さんに、「動画撮影用の照明はありますか？」と質問したところ、「こちらなんていかがでしょう？　850ルクスですから結構明るいですよ。こちらは1200ルクスなんで、少しお値段は張りますがかなり明るいです。それから……」と、説明が続きました。

私はずっと「ルクスって何？」ということがひっかかって、説明が入ってきませんでした。

質問に丁寧に答えてくれているのに、話がマニアックすぎてよくわからなかったり、結論が見えてこなかったり。

そんな回答をされたときの対応によっても、品格に差が表れます。

ストレートに、「言っていることがよくわかりません」と言ってしまえば、相手を傷つけてしまいます。ギクシャクしてその後の会話はスムーズに進まなくなるでしょう。

「つまりこういうことですよね？」と相手の話を要約するのはどうでしょうか？

一見よさそうですが、実はこれも危険です。

2015年に、マイナビが社会人490名に実施した調査によると、「会話を『つまり……』とまとめ直されるとイラッとする社会人は約6割」とのこと。理屈っぽさが面倒くさい、上から目線に感じるからだそうです。


相手を傷つけてはいけない。

これは一流が細心の注意を払っていることです。傷つけた方は覚えていないですが、傷つけられた方はずっと覚えていることを知っているからです。

だからこそ、**相手の話がわかりづらかったときは、「つまり○○ですよね？」ではなく、「○○という理解で合っていますでしょうか？」と質問します。**

「つまり○○ですよね？」は、私があなたの意見をまとめてあげたという態度です。

一方、「○○という理解で合っていますでしょうか？」は、私の理解が及んでいないかもしれないので、あなたに教えてほしいという態度です。

前者は自分の立場を上げる、後者は**相手の立場を上げる質問**です。根っこの真意が違います。

「つまり営業部に問題があるってことですよね？」を、「営業部に問題があると理解したのですが、認識は合っていますでしょうか？」に。

後者は相手を傷つけません。「あなたの意見を正確に理解したいので、答え合わせをさせてほしい」と相手を敬うスタイルだからです。

相手の話がわかりづらいのは、相手が悪いのかもしれません。

そんなときでも相手の立場を上げる。本当に優しい人はそういう人だと思うのです。

Road to Executive

一流は、
自分の理解が合っているか
質問する

☑ 相手の話がわかりづらくても
相手の立場を上げる

やってはいけない質問

三流は、相手を否定し、二流は、相手に詰め寄る質問をし、一流は、どんな質問をする？

コミュニケーションにおいて、相手の逆鱗に触れることがあります。

それは「相手の○を潰すこと」です。○には何が入るでしょうか？
○には、「○を潰された」「○に泥を塗られた」「○を汚された」こんな言葉が入ります。
そう、**顔**です。

「面子《めんつ》」という言葉も同じ意味で使われます。「面子にかかわる」「面子が保たれた」「面子が丸潰れだ」など、人はとにかく面子にこだわります。

時代劇を見ていると、面子を潰された武士が相手を斬り殺すシーンがありますが、武士にとって面子はそれほど大切なことなのです。

人は、「恥をかかされた」「バカにされた」「下に見られた」ときに、信じられないくらい凶暴になります。現代において、手が出ることはほぼないと思いますが、相手の面子を潰すというのはそれほど恐ろしいことなのです。

この話をすると、「私は、相手の顔を潰すようなことはしません」という人が大半です。

でも、本当にそうでしょうか。

「なんでそんなことにも気づかないの？」

「その案、本当によく考えた？」

相手は一生懸命やっているのに、ちょっとしたひとことで顔を潰してしまうことがよくあります。

相手の面子は丸潰れ、プライドはズタズタに。

なぜなら「自分を否定された」と感じるからです。

では、相手の顔を潰さない質問とはどんなものでしょう？

微妙な違いですが、こう変えてみてください。

「どうしてそんなに時間がかかるの？」

↓

「結構時間がかかっているみたいだけど、困ってることない？」

「なんでそんなことにも気づかないの？」

↓「何かわかりにくい点があったんじゃないの？」
「その案、本当によく考えた？」
↓「よく考える時間がなかったのでは？」

後者の質問は、相手自身について言及しているのではありません。

相手が「困っていること」「わかりにくい点」「考える時間」、つまり**相手が抱えている問題や環境に矛先を向けています**。そうすれば相手の面子を潰さずに済みます。

相手を真っ向から否定するのではなく、他のことに目を向けて何か考えるきっかけを与えることです。

相手の顔を潰してしまうとき、ほとんどのケースが「そんなつもりはなかった」です。気づかずに相手の人格を攻撃しています。

そんなときこそ、質問の矛先を「相手」から「相手が抱える問題や環境」など、人格以外に向けてみてください。

あなたの質問が相手との融和を生み出し、より強固な関係性を築くはずです。

Road to Executive

一流は、相手の顔を潰さない質問をする

☑ 質問の矛先は相手の人格以外に向ける

大切なことを思い出させる

三流は、相手の大切なものに興味がなく、二流は、相手にやみくもに質問し、一流は、相手の何を質問する？

「あなたは小さいころどんな子供でしたか？」

「中学校のころはどんな思い出がありますか？」

「学生のころに衝撃を受けたことは？」

このように質問されると、何か蘇ってくるものがあるのではないでしょうか。


2020年、衝撃的なタイトルの、大ベストセラー本が生まれました。

『DIE WITH ZERO』（ビル・パーキンス 著　ダイヤモンド社）です。

直訳すると「ゼロで死ね」です。つまり、全財産を使いきって死んでいこうというもの。

実際の調査では、アメリカ人は70歳のときに資産や貯蓄額が最大になるそうです。この一番お金に余裕があるそのときに、新しく水上スキーを始めたり、ライブを観に行ったり、世界中を旅したりするのはなかなか難しそうです。

「だから早いうちから惜しみなく経験に投資しろ！」というのが本の主張です。

発売以来、口コミで話題沸騰、続々重版、ニューヨークタイムズ紙などでも絶賛の声が多数あがりました。

私は、「人生最後に残るのは、経験から生み出された思い出である」ということの本の教えが本当に心に染みました。まさに人生は経験の合計だと。

ハッピーな出来事だから良い思い出、大変だったから嫌な思い出かというと、そんなことはありません。

私は小学校1年のときに、友達とケンカして大敗を喫しました。殴られて大泣きしたのですが、そのとき「人は殴られると痛いんだ」ということを学びました。大切な記憶です。

音楽フェスに行ったとき、大雨でずぶ濡れになり、パンツもビチョビチョ。それでもライブで歓声を上げながら大盛り上がりしました。なぜかそんなときの思い出の方が楽しかった記憶になっています。

学生時代、貧乏旅行でベトナムに行き、10円のラーメンを食べて腹を下しました。２日間高熱でうなされたのですが、これもまた最高の思い出です。

誰にとっても思い出は最高の宝物です。良いことも、その逆も、すべてひっくるめて今の自分を支えてくれています。

大切だからこそ、相手の思い出にも積極的に触れてほしいのです。質問によって。

「子供のころ、どんな遊びをしていましたか？」

「どんな風に育てられたんですか？」

「一度は行ってみた方がいい旅行先ってありますか？」

もちろん、相手によっては触れてほしくない話題もあると思いますが、こうして**質問されることであらためて蘇ってくる思い出もあるのです**。

そして、それを思い出させてくれたのは、まぎれもなく質問してくれたあなたです。

人生の最後に残るのは、築きあげた地位や名誉、ましてや通帳の金額ではなく、経験から生まれた思い出ではないかと思うのです。それに触れることができるのもまた質問の力です。

Road to Executive

一流は、相手の思い出を質問する

☑ 質問によって大切な記憶を蘇らせる

Chapter

4

思わず答えてしまう質問

デリケートなこと

三流は、質問する勇気がなく、二流は、ずけずけと質問し、一流は、どうやって質問する？

さて、本章では「思わず答えてしまう質問」をするための具体的な方法を紹介します。まずはデリケートな質問について。

取引先との会話なら、案件の予算や競合情報などがデリケートな内容に該当しそうです。また、「御社の年商は？」「負債は？」といった与信に関わる話もそうですね。

対個人の会話なら、年収、年齢、家族構成などは極めてプライベートな情報です。

コミュニケーションの教科書には、「デリケートな質問は、『こんなことをお聞きしてもよいかわかりませんが』『失礼かと存じますが』と、ちゃんと前置きしてから質問すべし」ということが書かれています。

このように、会話の中で相手に事前に準備してもらうことを、心理学では「プリフレーム」といいます。これは決して悪いことではありませんが、相手が思わず答えてしまうレベルではないです。

思わず答えてしまう質問にするには、**「心理的リアクタンス」**を活用します。

心理的リアクタンスとは、簡単にいうと「心の抵抗」のこと。

私たちは、行動の自由を制限されると、その自由を回復しようと強く反発します。よくあるのが、「食べちゃダメ！」と言われると食べたくなる、「見ないで！」と言われると見たくなる、「押すな！」と言われると押したくなる、そういった気持ちです。つまり逆をしたくなるのですね。

その心の抵抗を質問に活用します。

質問の前にこのような出だしを使います。

「もし答えづらければお答えいただかなくて結構ですので……」

「話しづらい場合は遠慮なくおっしゃっていただいて構いませんので……」

「言える範囲でまったく問題ございませんので……」

このあとに、質問を切り出すのです。

これは「お答えいただかなくて結構」「話しづらければ話さなくてもいい」という形で、話すということを制限しています。そうすると先ほどの心理的リアクタンスが働き、逆に話そうとする動機が芽生えるわけです。もちろん100％ではありませんが、質問に答えてもらえるチャンスは格段に上がります。

刑事ドラマのシーンでは、「答えろ！」と犯人を脅す人もいれば、「無理して答えなくていいからね」と優しく諭す人もいますよね。だいたい犯人が口を割るのは後者です。

当社が企業の研修を行うとき、事前に従業員の方からお話を伺うことがあります。「御社の問題はなんだと思いますか？」と質問しても誰も話したがりません。告げ口したような気になるからです。

でも、「もし答えづらければお答えいただかなくて結構ですので」とひとこと追加するだけで、ほぼ100％の確率で問題について語り出します。

行動を制限されるとそこから解放されるべく逆に動く。面白い心理ですよね。

答えづらい繊細なテーマを質問するときほど、相手のことを思いやる必要があります。

今回紹介したような**短くて的確な質問の出だしを用意しておく**ことは、デリケートな質問をするときに非常に有効です。

Road to Executive

一流は、心理的リアクタンスを活用して質問する

☑ 「答えなくてもいい」と伝えることで答えたい気持ちにさせる

決断してもらう

三流は、決断を迫ることができず、二流は、「どうしますか？」と質問し、一流は、どうやって決断してもらう？

言葉の魔術師と呼ばれた、ミルトン・エリクソン氏をご存じでしょうか？

アメリカの臨床睡眠学会の創始者で、睡眠療法家として広く知られています。

深い悩みを抱えた患者をアッという間に治していく天才セラピストとして大変有名で、心理学を学ぶ人で知らない人はいないでしょう。

ミルトン・エリクソン氏の有名なアプローチに、**「選択話法」**というものがあります。

患者に選択肢を与え、無自覚のうちに望ましい結果を刷り込む手法です。

なかなか症状が改善しない患者に対し、「あなたは、この症状が2週間でなくなるか、3週間でなくなるか、どちらの方が現実的だと思う？」と質問を投げかけます。

患者はそれに答えるのですが、この時点で「症状がよくなる」という前提で話が進んでいます。この前提こそが、相手の潜在意識にポジティブな影響を与え、効果的な治療につながるというわけです。

たしかに、人は選択肢を提示されると選んでしまう習性があります。

たとえば弁護士から、「これは損害賠償請求をした方がいいと思いますが、まずは内容証明を送りますか？　それともさっそく訴訟の手続きに入りますか？」と質問されたら、思わずどちらか答えてしまいそうです。まだ損害賠償請求をするとも言っていないのに、です。

また、警察の取り調べで、

「あなたが現場に着いたとき、そこには誰かいましたか？　それとも誰もいませんでしたか？」

と、まだ現場にいたなんて言っていない人に対して、誘導的に使われることがあります。

悪用するのはよくありませんが、相手の決断を促すときには、選択話法はとっても有効です。人はあれこれ考えるより、選ぶ方が楽だからです。

営業でアポイントを取るときは、「いつがいいですか？」よりも、「来週と再来週でしたら、比較的どちらがご都合がよろしいですか？」と質問する方が、アポイントは取りやすくなります。

「クオリティを重視するために、若干コストがかかってもいいですか？　それともできるだけコストは抑えた方がいいですか？」

こう質問すると、「若干コストがかかってもいいので」という返答をいただきやすいです。なぜなら「クオリティを重視する」という前提がロックされているからです。

食事に誘うときは、「洋食？　和食？　どっちの気分？」と質問されれば相手は答えやすいでしょうし、「旅行に行くなら、沖縄で水上バイクか、それとも軽井沢の避暑地で涼しく過ごすか、どっちが好み？」と誘う手もあります。

いろいろな例をお伝えしましたが、言いたいことは、**「人は選択肢を示されると答えやすい」**ということ。

決断をさせるのではなく、決断を助ける。そのための選択話法です。ぜひ質問に取り入れてみてください。

Road to Executive

一流は、選択話法で質問する

☑ 選択肢を提示することで
決断しやすい状況をつくる

答えるのが面倒な質問

三流は、怖くて質問できず、
二流は、質問したあとに面倒な顔をされ、
一流は、どうやって答えてもらう？

相手にとって「答えるのが面倒……」という質問もあります。

代表的なのが街頭インタビューです。

街中を歩いていて「少し質問いいですか？」と言われても、ほとんどの人はスルーするでしょう。

答えるのが面倒だし、時間もないし、個人情報が晒されるのも心配だからです。

街頭インタビューは一つの例ですが、日常で、相手にとって面倒な質問をしなければいけないケースは確実に存在します。

たとえば、自分が知らないことを相手に質問するとき。

「○○って何ですか？」と質問して、面倒くさそうな顔で「自分で調べて」と言われた

ことはありませんか？

また、「社内の調査にご協力ください」と質問を投げかけても、誰も答えてくれない。お客様の声を集めたいのに、アンケートに協力してもらえず、なかなか集まらない。答えるという行為は、意外とパワーを使うので面倒なのですね。

相手が答えやすいように、「1分ほどよろしいですか？」とか「すぐに終わりますから」と声をかけるのもいいとは思いますが、1分でも面倒なものは面倒です。

本来は、質問に答えてもらうのも一苦労なのです。

そこで、街頭インタビューをしている方の記事を集め、「思わず答えたくなる質問の仕方」を調べてみました。

さらに、お付き合いのある調査機関に、「いつもどんな質問の仕方で、被験者に回答してもらっているのですか？」と尋ねてみました。

すると、各社がやっていることはほぼ一緒でした。恐ろしく普通のことですが、これが一番強力だと。それは、**「質問する理由を明確にする」**こと。

心理学者のエレン・ランガーが行った有名なコピー機の実験があります。

A：「すみません、5枚なのですが先にコピーを取らせていただけませんでしょうか？」（用件のみをお願いする）

B：「すみません、5枚なのですが、急いでいるので先にコピーを取らせていただけませんでしょうか？」（理由を付け加えてお願いする）

C：「すみません、5枚なのですが、コピーを取らなければならないので先にコピーを取らせていただけませんでしょうか？」（意味のない理由を付け加えてお願いする）

この実験における承諾率は、次のようになりました。

A：用件のみをお願いする＝60％
B：理由を付け加えてお願いする＝94％
C：意味のない理由付けを加えてお願いする＝93％

Aの用件だけを伝える場合よりも、BやCのように理由を付け加えた方がグンと承諾率が上がりました。しかも、Cの「コピーを取らなければならないので」という理由になっていないような理由でも、承諾率はほぼ変わりませんでした。

それだけ理由を加えることの役割は大きいのです。


わからないことを質問して、答えてもらえないと困ります。そこで、理由の出番です。

「少し調べてみたのですが、どうもよくわからなくて」

「一晩考えてみたのですが、なかなかいいアイデアが見つからなくて」

など、理由を加えてから質問をしてみてください。

社内の調査を行うときも、

「お給料のベースアップの参考にさせていただきたいので」

「あえて違う部署からの意見を聞かせてほしいので」

と理由を伝えてから質問に入れば、きっと回答率は上がります。

「○○さんも小学生のお子さんがいらっしゃいましたよね。私も小学校の息子がいるんですが、少し相談したいことがありまして……」

などと、それを聞く理由を明確にすれば、相手の答えようとする動機は高まります。

質問するとき、イチイチ理由を明確に伝えるのは面倒です。

でも、答える方はもっと面倒です。

質問に答えてもらうということは、相手の貴重な時間をもらうこと。一流はその重みがわかっています。

だからこそ、答えるのが面倒な質問は、あえて**「理由＋質問」の公式で質問する。**これが気遣いある人の常識です。

Road to Executive

一流は、
理由＋質問で回答率を上げる

理由を明確にすることで
答える動機を芽生えさせる

三流は、「行動しなさい」と命令し、二流は、「行動しませんか?」と提案し、一流は、どうやって行動を起こさせる?

誰だってやりたくないことはあります。

宿題とか、掃除とか、ダイエットとか。仕事でもやりたくないことはあります。

人は、なぜやりたくないと思うのか?

これは簡単です。人間には「ホメオスタシス」と呼ばれる恒常性があるからです。

恒常性とは、常に(いつも)、恒(変わらない)を保とうとする性質です。

たとえば、38℃まで熱が出たとしても、数日すればちゃんと36・5℃に戻ります。走って脈が速くなったとしても、数分すれば脈は元に戻ります。

人間にとっては、「いつもどおり」であることは非常に居心地よく、逆に変化は脅威です。だから、いつもやらない勉強とか、ダイエットとか、苦手な仕事をしようとすれば、脳は全力で止めに入ります。これが行動を起こしたくないと感じる理由です。

そんな状況下で、「やりなさい！」とハッパをかけても、相手にとってはプレッシャーになるだけです。

相手に行動を起こしてもらうときは秘策が必要です。

それは、**小さな行動に刻んで質問すること**。少しずつ世界を変えていくのです。具体的に説明します。

人間には、変化を嫌う機能があることはお伝えしました。それを踏まえ、変化だと気づかないくらい小さなアクションを起こしてもらう、ということです。

「ジムで運動した方がいいのはわかっているけど、ジムに行くのは面倒……」という相手に、「とりあえず1回だけ行ってみない？」と言っても、重い腰はすぐには上がりません。

そこで、もっと小さな行動に刻みます。

「とりあえず自宅で5回だけ腕立て伏せしてみませんか？」

「ジムに行くための着替えだけしてみますか？」

「ジムに行って1回だけダンベルを持ってみます？」

これはあくまでも例ですが、着替えをしたら「とりあえず行くだけ行ってみようかな」

と思うかもしれませんし、1回だけダンベルを握ったら、きっと何度か持ち上げたくなるでしょう。

こうして小さな行動に変換して、自然に行動を誘発するのです。

私はこれを「1／100行動療法」と言っています。100分の1くらいの小さな行動に刻むことです。宿題なら「1問だけやってみる?」、トイレ掃除なら「便座だけ拭いてみる?」、禁酒なら「1日だけしてみる?」と。

「それならできる」と思わず答えてしまうくらい、小さな行動を提案する質問です。

たとえ、責任重大なプロジェクトにひるんだとしても、「それを成し遂げるために、今日できることは何?」と質問すれば、今やるべきことが見えてきます。

一流には、相手に成功を刻み込んでいく力があります。それは小さな行動を起こすプロだからです。

人間は大きな変化を嫌う。ならば、変化に気づかないくらい小さな変化にすればいい。とりあえず一歩でも足を踏み出せば、体が前に倒れ、勝手に次の足が出ます。それを続けることで、徐々に加速して遠くまで行けます。

質問によって行動を促すことで、相手の覚醒を生み出すのもまた一流の技能です。

Road to Executive

一流は、小さな行動を生む質問をする

☑ 変化に気づかないくらいの行動を誘発する

優先順位をつける

三流は、相手の優先順位に気がまわらず、二流は、「優先すべきものは何か？」を質問し、一流は、どうやって質問する？

いつも忙しくバタバタしている人がいます。残念なのは、そういう人ほど成果が出ていないことです。

ＩＴが進化して、仕事の領域もだいぶマルチになりました。今は誰もがいろいろな仕事を抱える時代です。だからこそ、**優先順位力**が命綱だと思うのです。優先順位力とは、優先する順番を決める力のことです。

たとえば、「あ～やることが多い……」と嘆いている人ほど、「あの資料、どこいったっけ？」と資料探しに無駄な時間を使っていたりします。その人の優先すべきことは、目の前のタスクをこなすことでなく、まず机の上を片付けることです。

私は、「仕事で成果を出したい」という相談をよく受けますが、まずは仕事のスキルよりも体調を整えることに専念してもらっています。具体的には食事、睡眠、運動です。

体のコンディションが悪いのに、仕事でパフォーマンスが発揮できるわけがありません。

優先順位がつけられず、いつも頑張っているのに成果が出ていない人は実に多いです。

その人は、自転車のチェーンが錆びているにもかかわらず、一生懸命漕ぎ続けているようなもの。油を差してあげる必要があります。

その油の役割を果たすのが、この2つの質問です。

① 「自分にとって大事なことは?」

② 「周りにとって大事なことは?」

やることが多い人に対しては、この2軸で整理することが役立ちます。

仮に、やることが10個あったとします。

「○○会議の準備をする」「○○の資料を作成する」「○○に連絡する」など、まずは箇条書きでやることを記載してもらいます。

そして、先ほどの質問で、「自分にとって大事なこと」と「周りにとって大事なこと」という軸で、それぞれ5点満点で評価してもらいます。

「○○会議の準備をする」が自分にとっての重要度が5点、周りへの影響度が5点なら、合計10点です。それは最初に取り組むべき案件です。

「○○の資料を作成する」が自分にとっての重要度が3点で、周りへの影響度が2点なら、合計5点。そこまで優先順位が高くないかもしれません。

点数はその人の主観で構いませんが、点数が高い順番に並べると、その人の優先順位が浮かび上がってきます。


人間は自分のことは大事です。そして、相手のことも大事にしたい生き物です。幸福は一人では味わえないからです。

だから自分にとって大事なことと、周りへの影響が大きいことを同一で考えないといけません。優先順位を決める基準がわかると、「何をやるべきか」だけじゃなく、「何をやらないべきか」も見えてきます。

時間は有限です。ならば、その時間の価値を最大化すること。その役割を果たすのがまさに優先順位力といえます。

一流は、自分だけでなく相手の優先順位を整理する働きかけまで行うことができるのです。

Road to Executive

一流は、自分と周りの2軸で質問する

相手の優先順位を明らかにし
パフォーマンスを発揮してもらう

発想を広げる

三流は、相手のせいにして、二流は、「どうしたいですか？」と質問し、一流は、どのように発想を広げる？

「思わず答えてしまう」ということでいうと、この質問が最強かもしれません。

それは、**仮説の質問**。

思わず答えてしまう質問の王様は、仮説、つまり「もし」から始まる質問です。

たとえば、突然子供に「将来の目標は何？」と聞いたら、「……」と言葉につまってしまいそうです。

でも、「もし、何でもチャレンジできるとしたら、やってみたいことはある？」と質問すれば、先ほどよりも答えやすいと思います。

なぜなら、「もし」というのは仮の話だからです。答えても責任が発生しません。

「答えるだけじゃ意味がないのでは」と思われた人もいるかもしれません。

ただ、将来の目標について何も思いつかなければ一歩も前に進めませんが、思いついたということは、少しでも実現する可能性があるということです。

私が今からメジャーリーガーを目指すことはありません。というよりもその発想すら思い浮かびません。可能性がゼロのことは思いつきもしないのです。

でも、「もし、時間があればやってみたいことは？」と質問されれば、少年野球の監督はやってみたいです。私は高校まで野球をやっていたので、いずれやる可能性はあります。


コーチングの世界では、「もし、制限がなかったら」という質問が有名です。

「もし、制限がなかったら、何を目指す？」

「もし、制限がなかったら、誰に助けてもらう？」

「もし、制限がなかったら、この問題についてどんな対策を打つ？」

仮説から発想が広がります。そしてその発想が行動を起こす原動力になります。


一流は、「もし」「仮に」というフレーズを頻繁に使います。

営業職が一番緊張するのは、お金の話をするときです。いくらいい雰囲気で商談が進んでいたとしても、お金の話になると一気に空気が張り詰めます。

そこで、一流の営業ほど仮説を使うのです。

「いったん費用のことは置いておいたとして、もし購入したら、効果はあると思いますか？」

「もし」を使うと、まだ買うと決まっていないので急に答えやすくなります。でも、購入したときのことを想像するので、購買意欲は高まります。


上司に「手いっぱいです。誰か手を貸してください」と相談したら、「それぐらい自分でやりなさい」と言われるかもしれません。

そんなときも、「仮に手を貸してくれる人がいたら、手伝ってもらっていいですか？」と仮説を使えば、上司はＹＥＳと言いやすいです。なんせ仮の話だからです。

でも、実際に手伝ってくれる人がいたらＮＯとは言えないでしょう。


仮説は、仮の話なので答えてもリスクはありません。でも、発想は広がります。そして、その発想が未来を切り拓く一歩になります。

相手の発想が広がらないとき。それを相手のせいにすることなく、仮説の質問で、発想を広げるきっかけを提供してあげてください。

Road to Executive

一流は、仮説を使って質問する

「もし」「仮に」から始まる質問で
相手の発想を広げる

アドバイスをもらう

三流は、アドバイスを求められず、二流は、「どうしたらいいですか?」と質問し、一流は、どのように質問する?

さて、今回は思わずアドバイスしたくなる質問です。

何か困ったとき、「大丈夫?」「手伝おうか?」と声をかけてもらえる人、いつも適切なアドバイスがもらえる人、そんな愛されキャラが一定数います。

逆に、いつも孤立無援で奮闘している人もいます。

人間、一人で解決できることには限界があります。だからこそ、困ったときや悩んだときに、適切なアドバイスがもらえる質問は大切です。

でも、アドバイスを求められる方も、アドバイスに答えられず気まずい思いをしたり、アドバイスの内容が不満だったのか、相手に不服そうな顔をされたら嫌なはずです。

せっかくアドバイスをくれた相手に「答えなきゃよかった」なんて思わせてしまったら、

二度とアドバイスがもらえなそうですよね。

だからこそ相手が答えやすいアドバイスの求め方が必要です。

微妙な違いではあるものの、相手の反応が大胆に変わる質問の仕方があります。

それは、**「どうしたらいいですか？」という質問を「どうしてますか？」に変えること**です。

「最近、眠れないのですが、どうしたらいいですか？」とアドバイスを求められたら、お医者さんでもない限り、即答は難しそうです。

でも、「○○さんは眠れないとき、どうしてますか？」だったら、素人でも答えられます。

自分のケースを話せばいいからです。

「とりあえず布団に入って目をつむる」「少し本を読む」「寝るのを諦めて好きなことをする」など、いろいろ出てきそうです。

アドバイスを求めた方も、そのラインナップの中からヒントを探せばいいし、相手のケースを聞いているだけなので、絶対に取り入れないといけないということはありません。

私も職業柄、いろんなアドバイスを求められます。

たとえば、「私、あがり症なんですが、どうしたら克服できますか?」という質問をいただくことがあります。これはいくつもアプローチ方法がありますし、そもそもその方の状態を聞かないとなんともアドバイスしにくいところです。

一方、「桐生さんもあがり症だったと聞きましたが、どうやって克服したのですか?」という質問は、非常に答えやすいです。

なんせ私のケースですから、試したことが10も20も出てきます。

「企画が思いつきません。どうしたらいいですか?」は、「企画が思いつかないとき、どうやってヒントを得ていますか?」に。

「高圧的なお客様だと話せなくなります。どうしたら話せますか?」は、「高圧的なお客様には、どうやって会話をしていますか?」に。

微細な違いですが、アドバイスを求められた方の口数は圧倒的に変わります。

アドバイスを求める方も情報が増え、アドバイスをする方も自分の経験則を話せて嬉しい。このWin-Winスタイルが、アドバイスの正しい求め方です。

Road to Executive

一流は、「どうしてますか？」と質問する

相手の経験則から
悩みを解決するヒントを得る

相手の発言にイラッとしたとき

三流は、感情に任せて怒り出し、二流は、「何でですか？」と質問し、一流は、何を質問する？

「あなたは間違っている‼」

相手の発言にイラッとして、思わず言い返した経験はありませんか？

そりゃ人間ですから、誰だってカチンとくることはあります。私もあります。

でも、反射的に言い返すと、相手と衝突することになります。かといって、じっと我慢するのもストレスが溜まりそうです。

今回伝えたいことは、**相手の言ったことに「反応」することと、「応答」することはまったく違う**ということです。

「反応」とは、意識に関係なく応えることです。

たとえば、熱いヤカンを触って「アチ！」と手を離す。これは反応です。

「応答」とは、意識して応えることです。文字通り「応」じて「答」えるです。

反応は無意識下、応答は意識下、ということですね。

相手の発言にイラッとしたとき、頭に血が上って反応するか、しっかり考えてから応答するか。一流はどちらでしょうか？


もちろん一流は、意識的に応答します。

いきなり口論せず、相手の発言の背景に迫る質問をするのです。

「ちょっと聞いてもいいですか？　なぜそう思われたのですか？」

「そうなんですね。他にも理由がありますか？」

「そうでしたか。よろしければ、もう少し詳しく伺ってもいいですか？」

「そうでしたか。さらに質問してもいいですか？」

こんなに質問したら、逆に怒られそうですが（笑）。これは極端な例だとしても、**相手が言ったことに言い返す前に、「なぜそう言ったのか」、言葉の出どころを探る**のです。

そうすることで、冷静になるための時間が確保できます。

人間は2つのことを同時に意識できません。

「相手が言ったことに反論すること」と「相手の言ったことの背景を探ること」を両方同時に行うのは無理です。

だからこそ、背景の方に意識を向けて、それを聞いた上で、応答すればよいのです。冷静になれた分、最初のイラッとした怒りは鎮まり、癒やしの周波数で会話ができるはず。

背景を探る質問をすれば、相手の勘違いだったことがわかるかもしれませんし、逆に自分が悪かったと気づくかもしれません。

怒りに任せて反応し続けると、衝動的な感情に支配され暴走することになります。逆に応答は適切な行動を生み出します。

ぜひ、相手の発言にイラッとしたときは、相手の発言の背景を探ってみてください。

Road to Executive

一流は、
背景を質問する

応答することで自分の怒りを
コントロールする

Chapter 5

成果を出す質問

プレゼンの冒頭

三流は、いきなり説明し始め、二流は、プレゼンの結論を伝え、一流は、何から入る？

質問は、「相手の話を聞く」といった受け身的な行為に感じる人もいるかもしれません。

しかし、プレゼンにおける質問は、超能動的に使えます。

質問を活用することで、聞き手の興味を引き出し、共感を得て、行動を促すことができるからです。


突然ですが、質問です。

日本で一番面積が広い都道府県は北海道ですが、一番狭いのはどこだと思いますか？

答えは「香川県」です。北海道の面積を１００％とすると、２・２％分しかありません。

では、2番目に狭いのは？　きっと驚くと思います。結構広いイメージがあるからです。

興味を持っていただいた方は、本書の最後のページをめくってみてください。そこに答えが……。嘘です（笑）。ちゃんと答えます。

答えは「大阪府」です。900万人近くも人口がいて、大阪市には24も区があって、港もあって、もっと広いイメージがありませんでしたか？

ここで知っていただきたいのが、100年以上も前からマーケティングの世界で提唱されている**「AIDMA（アイドマ）の法則」**です。

消費者が物を購入するときは、「注意（Attention）↓興味（Interest）↓欲求（Desire）↓記憶（:Memory）↓購入（行動：Action）」の流れを無意識に行っているとされています。

これらの状態の頭文字を1つずつとって「AIDMA」と名付けられました。

つまり、行動を起こしてほしいなら、まず注意や興味を持ってもらわなければ始まらないということです。

それで、突然質問させていただきました。質問は興味を誘発する力を持っているからです。

もう一つ質問させてください。

「ダイエットで一番引き締めたい部位は?」というアンケートがありました。1位はどこだと思いますか?

1位は、ブッチギリで「お腹」でした。下っ腹がポコっと出てくると、なかなか落ちないんですよね……。

では、お腹の肉を早く落とすには、「運動」と「食事制限」、どちらが効果的だと思いますか?

きっとどのパーソナルトレーナーも、「食事制限」と答えるでしょう。

たとえば、お菓子は一袋300キロカロリーくらいです。これは90分ウォーキングして消費されるカロリーと一緒です。90分歩くって相当の覚悟が必要ですよね。ならばお菓子一袋をやめた方が簡単にカロリーは制限できます。

実際こう質問されて、答えを知ってお菓子をやめた人、食べる回数が大幅に減った人もいます。

「こうしなさい」と提案されるより、質問によって徐々に興味を引き出される方が、行動する確率がグッと高まるのですね。

特にプレゼンの冒頭は正念場です。ここで興味を持ってもらわないと先に進めません。
例として、「睡眠」に関する企画のプレゼンをするとします。
A：「私も初めて知って驚いたのですが、不眠症の方ってどれくらいいると思われます？」
B：「2割くらいですか？」
A：「実は4割もいるんです。特に女性に多くて、60歳以上だと半数以上の方で不眠が認められています」
B：「そんなに！」
A：「そうなんです。『不眠症は国民病』なんて話、聞いたことあります？」
こんな風に、質問しながら睡眠に興味を持ってもらい、安眠グッズを提案していく流れです。「この枕は素晴らしいです！」なんて力説されるより、プレゼンの掴みとして強くなります。

「お客様に自ら家具を組み立ててもらうことで、大人気になった家具屋をご存じでしょうか？」
「お客様に自らお酒を注がせて、大人気になった居酒屋をご存じでしょうか？」

などという質問をして、「え？　お客様にそんなことさせて人気になれるの？」と興味を引く方法もあります。

答えは、知る人ぞ知るＩＫＥＡ（イケア）と、「０秒でレモンサワー！」で有名になったときわ亭です。ときわ亭は、コロナ禍で70店舗も開店しました。

プレゼンは、まだ興味がない人や、見込み顧客などにすることが多いものです。まだ相手が興味を持っていない段階です。それを開花させるのが冒頭の質問。

ぜひ、話の続きが気になる質問を繰り出していきましょう。

Road to Executive

一流は、興味を引く質問から入る

☑ プレゼンの冒頭から
話に引き込む

商談のクロージング

三流は、契約の話をすることができず、二流は、「契約はされますか？」と質問し、一流は、どんな質問でクロージングする？

誰でも緊張する場面があると思います。

たとえば、デートに誘うときや告白するとき。商談なら、契約をお願いするときではないでしょうか。まさにお客様に告白するかのような緊張感があります。

絶対に断られないなら「契約をお願いします」と言っても緊張することはないですが、断られる可能性は十分あります。

だから、最後のクロージングの段階でドキドキする人が多いのです。

仮に、「好きです。付き合ってください」と告白して、断られたとしましょう。

このときに、「伝え方を間違えた……」と思う人はいるでしょうか？

きっと思わないはずです。伝え方よりも、そこに至るまでのプロセスや関係性に問題があったと考えますよね。

商談も一緒です。まだ契約するムードにもなっていないのに、最後のクロージングで「契約はされますか？」と、いきなり山場を持ってくるから契約に至らないのです。

そこに至るまでのプロセスを見直さないといけません。

フランスの哲学者、ルネ・デカルトは言いました。**「困難は分割せよ」**と。まさにこれが今回の答えです。

契約に対していきなり「ＹＥＳ」をもらおうとするから緊張します。**もっと小さく「ＹＥＳ」を分割して取っていくこと**です。

たとえば、商談の冒頭で、「まず私がこの商品を扱うようになったきっかけを少しだけお話ししてもよろしいですか？」といった小さな質問で「ＹＥＳ」を取っていきます。

また、商談を進めながら、

「ここまでのお話でなんとなくイメージはできましたでしょうか？」

「商談の機会をいただいたということは、少しはご興味をお持ちということでよろしいでしょうか？」

と、「ＹＥＳ」と言っていただけそうな質問を展開していきます。

さらに、商談を進めながら、

「もし購入するとしたら、効果が出そうなイメージはありますでしょうか？」

「仮にスタートするなら今月でしょうか？　来月でしょうか？」

「そのときは一括払いをご希望されますか？　分割をご希望でしょうか？」

こうやって契約に向かって、「ＹＥＳ」を刻んでいく。これを質問を使って行います。

その上で、最後に「ぜひやりましょう」と背中を押す。

いきなり契約を持ち出すのではなく、契約するイメージを顧客と一緒に積み重ねていくのですね。


最後まで契約の話を一切しないのは、８月31日から夏休みの宿題を始めるようなもの。

それは焦ります。

序盤から小さなＹＥＳを重ねていけば、最後のクロージングで優雅でいられます。商談開始から、既にクロージングは始まっているのです。

Road to Executive

一流は、「YES」と言ってもらえる質問を積み重ねる

☑ 小さな合意を
大きなゴールにつなげる

頼みごとをするとき

三流は、頼みごとができず、二流は、お願いできないかを一度だけ質問し、一流は、どうやってお願いする？

この項目では、頼みごとを通す質問の仕方を伝えます。
まず、押さえてほしいポイントがあります。
それは、**「人は2回連続で断るのに抵抗がある」**ということ。
こんな経験はないでしょうか？
A：「5分だけお時間よろしいでしょうか？」
B：「今は忙しいから無理です」
A：「では1分だけ？」
B：「1分だけなら……」
というように相手の頼みごとをのんでしまうケース。
これは、営業でアポイントを取るときや、街頭でアンケートをする際によく使われる手法です。もちろん全員がそうではありませんが、人は連続して断るときに申し訳なさを感じるのです。

以前ランチに行ったとき、不思議に思いました。

店員さん：「ご一緒に３００円でデザートがつきますが、いかがいたしますか？」

私：「いや、結構です」

店員さん：「１００円でドリンクがつきますが、いかがいたしますか？」

私：「じゃあアイスコーヒーを」

２回に分けて質問する意味がわかりませんでしたが、今はそれがよくわかります。

何か頼みごとをするとき、試しに2回言ってみてください。

Ａ：「来週までに○○をお願いできますか？」（1回目）

Ｂ：「来週は無理です」

Ａ：「では再来週までにお願いできますか？」（2回目）

Ｂ：「再来週までなら……」

お伝えしたいことは、ゴリ押しで頼みごとをしてほしいということではありません。

誰だって断られたら凹みます。でも、断られるのが怖いからといって、あまりにも腰が引けていることはないでしょうか、ということ。

相手が断る理由は、たまたま予定が合わなかっただけかもしれません。少し条件が合わなかっただけかもしれません。

どうしても通したいことがあるときは、「1回だけで諦めるのはもったいない。せめて2回までお願いしてみよう」という提案です。


何度も断られたら心が折れますし、何度もお願いしたら相手も迷惑です。

だから2回までと決める。そしてダメなら諦める。

一回断られたくらいでは諦めない。これも一流が成果を出し続ける所以です。

Road to Executive

一流は、2回まで質問する

人は連続して断るのに
心理的負荷がかかる

言いたいことを言語化

三流は、「ハッキリ言ってください」と言い、二流は、「それって○○ですか？」と質問し、一流は、どんな質問で言語化する？

言語化とは、言葉で表現することをいいます。特に、感覚的なものを論理的に整理して相手にわかるように話すときに「言語化する」という言葉が使われます。

「自分が言いたいことがうまく言語化できない……」

そんなとき、助け船を出してくれる人がいたらどうでしょうか。とても助かりますよね。

今回は、相手がうまく言語化できないときに使える質問を伝えます。

まず、「ハッキリ言ってください」と詰め寄るのは最悪です。相手は焦って、ますます言葉にできなくなります。

「それって○○ですか？」とヒントを提供するのもいいと思いますが、「う～ん、そういうことではないんですけど……」と、相手がモヤモヤすることもあります。

当スクールには、現在100名を超える講師が所属していますが、日々質問力を学び、受講生の思いを言語化しています。

受講生の思いを言語化するとき、とっておきの質問の仕方があります。

「それって〇〇ではなく、〇〇でしょうか？」という質問をするのです。

当スクールでは転職の相談もよく受けますが、その際「転職するか悩んでいるということでしょうか？」とは質問しません。あえて「このまま今の仕事を続けるのではなく、転職するか悩んでいる、ということでしょうか？」と質問します。

微妙な差ですが、意図的に**対のワードを前に入れます**。

なぜかというと、「このまま今の仕事を続ける」ということをテーブルにのっけることで、「今の職場環境を改善したいのか？」それとも「本当に転職したいのか」を明確にすることができるからです。

白地に白い絵の具を塗っても白いままですが、赤を入れれば赤が目立ちます。それと一緒で、あえて違うものを入れることで、言いたいことをハッキリさせるのです。

「それってAではなく、Bでしょうか？」という質問。

目的は、正解を言い当てることではありません。あくまでも相手が言語化しやすいように材料を提供することです。

こういった二項対立型の質問は、いろいろな会話で使えます。

「腹が立ったというより、悲しかったんですね？」

「好かれるというより、嫌われてもいいからハッキリ伝えたいということですね？」

「相手が許せないというより、それを許容できない自分が許せないのですね？」

などと、相手の心のモヤモヤを晴らす手助けをすることもできます。

繰り返しますが、あえて対の選択肢を入れるのは、正解を射貫くためではなく、相手が言いたいことを言語化しやすくするためです。

相手が言いたいことを言語化できるようサポートするのもまた一流の技量。

しかも、言語化できた相手を称賛し、「そういうことですね！」「よく理解できました！」「ありがとうございます！」と言うことができたら超一流ですね。

「言語化できたのは自分ではなく、相手の手柄」ということです。そんな気遣いを知れば、相手もきっと感動するでしょう。

Road to Executive

一流は、「それってAではなく、Bですか?」と質問する

あえて二項対立の質問をして
言語化を手伝う

相手の話が長い

三流は、「話が長い」とさえぎり、二流は、「今の話をまとめると？」と質問し、一流は、どんな質問をする？

相手の話が長くて、「いつまで続くんだろう、この話……」と思ったことはありませんか？

そんなとき、話をさえぎったり、話のまとめを要求したりすることがあるかもしれません。

しかし、短気は損気。話の腰を折ってしまうと、相手との関係性は悪化します。

話が長いのは、相手に非がある。たしかにそうかもしれません。

しかし、一流はきっとこう考えるでしょう。「自分の質問の仕方が悪かった」と。

あえて短く答えられるような質問に変換する。一流は、こういった努力も怠りません。

相手の話が長くならない質問の仕方は、びっくりするほど簡単です。

「具体的に質問する」です。

当たり前すぎてページを閉じないでください。これを声高に伝えるのには、理由があります。

たとえば、「今回の企画、どんな感じ？」と抽象的な質問をすると、相手の返答が長くなりそうなのは目に見えています。

ですから、「今回の企画のポイントを一つ挙げるとしたら、何になる？」と具体的に質問すれば、さっきよりも短い回答になるはずです。

「○○さんの提案で、前回よりもよかったと思う点はある？」
「次回の会議で、一番焦点を当てたいことってあるかな？」
「一つだけ悩みが解消できるとしたら、何を解消したい？」

こういったピンポイントの質問です。

これを当たり前だと思っている人は非常に多いです。

しかし、実際はアバウトな質問であふれかえっています。

上司から「どう思う？」なんてアバウトな質問をされたら、返答が長くなるのは必須です。あらゆることを想定してモレのないように話そうとするからです。

一生懸命答えたのに、「もっと端的に！」なんて怒られたら、上司と部下の関係性は険悪になります。

たとえば、部下に商談で契約をいただけたかどうかを聞きたいなら、「どうだった？」ではなく「契約いただけた？」と質問すればいいのです。

「契約いただける確率は何％くらい？」「お客様は何と言っていた？」と、商談の内容について具体的に質問すれば、端的なやりとりになります。

もし「話が長いな……」と感じたら、一回我慢して聞き切りましょう。長いといっても、数分の話です。そして、次に**一段掘り下げた具体的な質問**をしましょう。

質問の具体性を自在に操る。これも一流が持ち合わせる質問スキルです。

長い話に出会ったら、ぜひトライしてみてくださいね。

Road to Executive

一流は、具体的な質問をする

☑ ピンポイントの質問で
相手の話を短くする

議論が錯綜したら

三流は、「議論が噛み合ってないですね」と言い、二流は、「いったん、話を整理しませんか?」と質問し、一流は、どんな質問をする?

ベストセラーとなった内田和成氏の『論点思考（東洋経済新報社）』でも、経営の神様ピーター・F・ドラッカーの言葉が引用されています。

ピーター・ドラッカーは「最も重大な間違いは間違った答えを出すことではなく、間違った問いに答えることだ」と言っています。解くべきものではない問題を解くことは、時間の無駄です。どの問題を解くのか。これが経営の課題としては一番難しく、根本であると思っています。

たとえば、こんな問いがあったとします。

「東京の丸の内で、飛び込み営業の件数を増やすにはどうしたらいいか?」

丸の内といえば、超高層ビルが並ぶ東京のど真ん中です。セキュリティが厳しくて、そもそも飛び込み営業なんてできる環境にはありません。

にもかかわらず、一生懸命飛び込み営業の件数を増やす努力をしていたとしたら……。

問いを間違えるとはこういうことです。

逆に、これは正しい問いを設定した成功例です。

年間100億本も飲まれている日本の缶コーヒー市場。

各社が「どうやって味を改良するか?」という問いを立ててしのぎを削っている中、「机の上で倒れない缶コーヒーとは?」と、デザインに特化して大ヒットした商品があります。

それは、ペットボトルのコーヒーを発売した「BOSS」です。

「コーヒーは缶」という常識に風穴をあけ、若い世代を中心に爆発的に広まり、年間3,000万ケースを販売する人気商品になりました。

「何に答えるか?」よりも「何を問うか?」が大切なのです。

あなたが会社で議論しているとき、「本当にこれが問題なのだろうか?」「議論が堂々めぐりをしているが大丈夫だろうか？」と思うことはありませんか？

議論が錯綜したときは、**「本当に問うべき問いを問う」**ことです。

本当に問うべき問いのことを**「論点」**といいます。

たとえば、「毎月、経費精算の提出期日を守らない人が多い」という問題があったとします。

普通は、「どうしたら提出期日を守ってもらえるか？」という論点を設定すると思います。

ここでちょっと待ったです。

他にも論点を設定しましょう。

・「どうやって経費精算自体を少なくできるか？」
・「どうしたら経費精算の提出を毎月から半年に1回に変更できるか？」
・「どうしたら経費精算自体をなくせるか？」

まずは箇条書きレベルで構いません。別の論点を書き出してみます。

「どうしたら提出期日を守ってもらえるか？」ということと、まったく違う問いが出てきたと思います。

一発で論点を明確にする必要はありません。

ポイントは、疑問形でたくさん出すこと。量産するほど本丸が見えてきます。

当社のクライアントに、「会社のキャッチコピーをつくりたい」という企業がありました。短くて、インパクトがあるものをつくりたいということで、会議を開き、社員全員で話し合いました。

そこで、ある新入社員がこう言いました。

「すみません。そもそもキャッチコピーとは何でしょうか?」

周りからは、「キャッチコピーは、宣伝文句のことでしょ」「人の注意を引く言葉じゃない?」などと声があがりました。

こういった声もありました。

「会社のキャッチコピーとは、会社の想いを詰め込んだひとことでは?」

「どうせつくるなら100年残る言葉がいいのでは?」

論点がいろいろな形で波及し、結局、企業の特徴、個性、理念を簡潔に伝えるCＩ（コーポレートアイデンティティ）を一年かけてつくるという、ビッグプロジェクトになりました。

新入社員の「すみません。そもそもキャッチコピーとは何でしょうか？」という質問が、まさに神の声ならぬ、「神の問い」になったのです。

本日も、日本全国でたくさんの会議が行われていると思います。

議論が錯綜したら、まずは論点を明確にしてみてください。立論はそのあとで。

ぜひ「本当に問うべき問い」を積極的に洗い出していきましょう。

Road to Executive

一流は、

「論点を明確にしませんか？」

と質問をする

議論が錯綜したときは
本当に問うべきことを明確にする

何も決まらない会議

三流は、「とりあえず話し合いますか？」と質問し、二流は、「何を決めますか？」と質問し、一流は、どんな質問をする？

「1日4件の会議を境に、高ストレス者が急増する」

ストレスを可視化するアプリを開発している株式会社DUMSCO社による調査結果です。会議が1日3件だった場合の高ストレス者が14％だったのに対し、4件になると37％まではね上がるというのです。まさに倍以上です。

「会議が多すぎて自分の仕事ができない……」という声もよく聞きますし、スケジュール帳に4件ほど会議が入っていると1日中会議をしているような感覚になります。

それでも、意味のある会議であればいいと思います。意味のある会議とは、「物事が決まる会議」のことです。

深刻なのは、決めることはあっても、何も決まらない会議が多いこと。

パーソル総合研究所の調査では、ムダな会議に最も影響している項目は、「会議が終わっても何も決まっていない」ことでした。

何も決まらないから、また会議を開く。そして、また決まらないから会議を開く……。こうして会議が増えて、ストレスも増えていくのです。

では、なぜ何も決まらないのでしょうか？

その理由は、とってもシンプルです。**「決め方が決まっていないから」**です。

実は、会議での決め方は3つのパターンしかありません。

①全員一致で決める
②多数決で決める
③決定権者が決める

内閣の閣議決定は①ですが、一般的な会社では①の決め方がとられるケースはほとんどありません。賛否両論、いろんな意見があるからです。

「では、決をとります」と、②の多数決で決めることもあるかもしれませんが、これも頻度は多くないでしょう。

最もポピュラーなのが③。決める人が決まっているケースです。

「このテーマの決定権は課長で」「この会議の決定事項は部長一任で」など、その方が「うん」と言えば決まる。そんな人物がいるはずです。

問題は、その人物が曖昧なときです。誰がどうやって決めるのかが決まっていないから、何も決まらない余計な会議が増えます。

いずれにしても、何も決まらない会議を撲滅するには、この質問を投げかける必要があります。**「決め方を決めませんか？」**と。

何かを決めるのは、怖いことです。責任が発生するからです。責任がのしかかるので、やりたがる人はあまりいません。だからこそ決める人は希少価値が上がります。

少しだけ勇気を出して、「最終的には私に一任していただいてもよろしいでしょうか？」と言ってみるのも手です。そうやって、たくさんの意思決定の場に身を置き、自分を磨いていく。

責任を取るということは、それだけ自分のステージを引き上げてくれます。

人生を拓く好機として、ぜひ決定することに挑んでみてください。

Road to Executive

一流は、「決め方を決めませんか？」と質問する

☑ 意思決定する場に身を置くことで
自身の可能性を広げる

相手の悩みを解決する

三流は、相手の悩みをスルーし、二流は、自分を主人公として質問し、一流は、誰を主人公にして質問する？

日常では、自分が聞きたいことを質問するケースが多いです。

たとえば、目標が達成できず悩んでいる部下に、「なぜ達成できないんだ？」「対策はないのか？」「そんなことだから毎月未達なのではないか？」と質問する上司。

これは、「達成できないと自分の立場が危うい」「達成できない部下を見て苛立っている」など、自分目線での質問です。まさに主人公は上司本人です。

でも、この「目標が達成できない」という物語の主人公は、本来部下です。部下を主人公として、部下の悩みを捉える必要があります。

ドラゴンボールだって、ワンピースだって、主人公は最初傷だらけです。失敗したり、つまずいたり、全然うまくいきません。

同じように、悩んでいる部下もまさにストーリーのど真ん中で苦しんでいます。

上司：「目標が達成できず悩んでいるんだね？」

部下：「そうなんです……」

物語の中なら、ここで協力者が現れたり、何か武器を発見したり、自己鍛錬したり、奇跡が起こったりするものです。それを念頭に部下を物語の中心に据えるなら、こんな質問が思いつくはずです。

たとえば、**「誰に助けてもらうといいと思う？」**

もちろん上司自身が助けるのは当然ですが、それだけだと発想が制限されます。助けてもらうのは隣の部署の人や、社外の人だっていいわけです。

誰かのセミナーを受講したり、外部のコーチングやカウンセリングを受けたりするのもいいかもしれません。

他にも、**「何か使えるツールはありそう？」**という質問。

武器を発見するかのごとく、目標を達成するために何かシステムや広告を使ったり、時には少し予算をかけて何かを購入したり、という手も考えられるかもしれません。

「解決にあたり、何かチャレンジしてみたいことはある？」

まさに自己鍛錬です。ヒーローは努力も怠りません。

「もし奇跡が起こるとしたら、どんな手を使って解決する？」

マンガじゃあるまいし……と思うかもしれませんが、「絶対に無理だと思っていた顧客に声をかけたらＯＫがもらえた」「ＦＡＸＤＭを１万通送付したら１件だけお問い合わせが返ってきた。しかもとんでもない大企業から……」ということが実際にあったりします。

いかがでしょう。

冒頭の、「なぜ達成できないんだ？」「対策はないのか？」「そんなことだから毎月未達なのではないか？」と詰め寄る質問より、明らかに解決策が見えてくると思いませんか。人は真っ暗闇だと一歩も歩けません。悩みを抱えて立ち止まっている人は真っ暗闇にいるようなものです。でも、解決策が光になります。

自分を主人公にするのをやめて、相手を主人公にして質問すること。

途中、いろいろな問題が発生するでしょうが、問題がなければ物語は面白くありません。大丈夫です。悩んでいる人は苦しみながらも着実にハッピーエンドに向かっています。

それに気づかせてあげるのも、また質問力です。

Road to Executive

一流は、相手を主人公にして質問する

相手を中心にした物語を描き、
解決策を導く

Chapter 6

やる気を上げる質問

相手が失敗したとき

三流は、「なんでそんなことをしたんだ！」と怒鳴り、二流は、「次回の対策は？」と質問し、一流は、どんな質問をする？

人がやる気をなくすのは、どんなときでしょうか？

それは、失敗したときや、うまくいかなかったときではないでしょうか。何もかもうまくいっているときは、やる気のことなんて考えません。スピーチをしたら大絶賛され、商談したら契約が取れて、好きな子に告白したらＯＫがもらえる。そんな絶好調のときに人は落ち込みません。

問題は、失敗したときです。失敗は、人間にとっては生命を脅かす危機だからです。

そんな大げさな……と思われるかもしれませんが、そうでもありません。

人類が誕生して約５００万年。この歴史の中で、猛獣に襲われるか、飢えと闘うか、暑さ寒さに耐えるか、そんな過酷な環境下で、人類は生命を維持してきました。

一歩間違えれば死が待っている生活が長かったのです。失敗を続けていたら子孫は残せません。だから人間は、積極的に失敗を回避しようとします。いちいちやる気なんて出されたらたまったものではありません。脳の仕組みからすると仕方がないのです。

ただ、現代において、何か失敗したからといって生命が脅かされるようなことは、ほぼないですよね。だからこそ、失敗しても前を向けるようにサポートしてあげれば、相手のやる気を取り戻すことができます。


たとえば、部下がお客様を怒らせてしまったら。

「なんでそんなことしたんだ！」と怒鳴ったら、ただでさえ失敗に恐怖を感じているのに、部下はますますやる気をなくします。

では、「次回の対策は？」と再発防止に目を向けるのはどうでしょうか。

それも必要ではありますが、前述した通り、人間には、失敗に対して生命の危機を感じるようなDNAが組み込まれているので、失敗したときはとにかく目線が下がっています。

ですから、失敗した人には、まずは目線を上げてもらう必要があります。目線を上げるとは、あるべき姿を思い出すことです。

そのための質問が、**「本当はどうしたかった？」**です。

そもそも失敗したということは、本来手にしたかった未来があるということです。

たとえば、子供が友達と喧嘩したとしましょう。話を聞いた上で、こう質問します。

親：「本当はどうしたかったの？」

子供：「本当は仲良くしたかった」

親：「そう。じゃ、一緒にあやまりに行こうか」

下を向いていた子も、ここで初めて顔を上げることになるでしょう。目線が上がるとはこういうことです。

やる気とは、文字通り「やろうとする気持ち」です。ならば、本来やろうとしたことを思い出すことが先決です。


失敗したとき、見通しを暗くしているのは失敗した本人です。自分で自分を苦しめています。なかなか一人でやる気を取り戻すのは難しいです。

そんなとき、本来手にしたかった原風景を思い出させてくれる人がいたら、どれだけ心強いか。失敗しても心のコンディションが整い、活動するエネルギーも湧いてきます。

やる気を巧みに引き出す質問をするのも、一流のスゴ技です。

Road to Executive

一流は、「本当はどうしたかった？」と質問する

あるべき姿を想起させることで
やる気を取り戻す

相手を叱るとき

三流は、相手を否定し、二流は、否定してから質問し、一流は、どんな質問をする？

私が初めて部下を持ったとき、部下の叱り方で、上司に呆れられたことがありました。ある本に、「部下は叱ってはいけない」と書いてあったので、私はその教えを守り、叱らずに「なんで？」「なんで？」と質問をしていました。時には、「だからなんでそうなるの？」と激しく質問したこともあります。

上司から言われました。「おまえ、それ叱っているのと一緒だぞ」と。

「たしかにそうだ」と思いました。部下からしたら、「なんで？」「なんで？」と詰め寄られれば、「なんでそんなこともできないの」と否定されているのと一緒です。

それから私は、「心理的な安全性」について積極的に学ぶようになりました。

「叱る」とは、相手の非をとがめて厳しく注意することです。これは相手にとっては非常に避けたいこと。攻撃されると感じるからです。

避けたいことを受け入れてもらうには、心理的な安全性を確保する必要があります。具体的にいえば、「攻撃するつもりはありませんよ」と伝え、相手の警戒心を解くことです。

警戒心を解く方法はいたってシンプルです。

人は否定されると心を閉ざすなら、その逆をやればいい。そう、**「肯定する」**です。

誰かを叱るときをイメージしてみましょう。

「佐藤君はよく提出物が遅れるから気をつけなさい」

これは、否定です。相手の心はいきなり閉ざされます。心が閉ざされている状態では、あなたの伝えたいことは相手の心の中に入っていきません。

では、「肯定する質問」とは？

「佐藤君は約束を破る人じゃないでしょ」（肯定）＋「今回はどうして提出物が遅れたの？」（質問）

さらに、「佐藤君は普段しっかりしているからさ」（肯定）＋「何かあったんじゃない？」（質問）などと重ねていきます。

「田中さんは普段、いろんな意見を話してくれるじゃん」（肯定）＋「でも会議だと発言の数が減る気がするんだけど、どうだろう？」（質問）

「田中さんのことだから何か考えは持っていると思うんだ」（肯定）＋「会議では言いにくい環境だったりする？」（質問）

肯定＋質問で伝えると、相手の警戒心が解かれ、「実は会議みたいに大勢の人がいるところで発言するのが苦手で……」などと、本音を吐露してくれるかもしれません。

叱るときは、まずは肯定することで心理的な安全性を確保する。

これを知ってから、私のマネジメント力は大きく飛躍し、最初は5人くらいのチームから、最終的には300人ものメンバーを統率するまでに至りました。

「叱らせるようなことをする本人も悪い」。そう言う人もいます。

ただ、誰かを叱るとき、怒りに任せて口走るのは、開いていない扉をハンマーで壊すようなもので、相手はズタズタになります。そしてあなたの手もボロボロになります。

相手の心の扉を閉ざすのが否定。開くのが肯定。

肯定が、あなたの言葉に潤いを与え、相手と心を通じ合わせる潤滑油になるはずです。

Road to Executive

一流は、肯定してから質問する

心理的な安全性を与え、
相手の警戒心を解く

耳の痛い話をする

三流は、嫌われたくないから言えず、二流は、ストレートに伝え、一流は、どう伝える？

前項の「叱る」も今回の「耳の痛い話」も、同じようなテーマですが、耳の痛い話となると、さらに相手にとっては聞くのが辛いイメージがあります。

先ほどは、「心を開くとは、警戒心を解くこと」と解説しました。

逆に、警戒してもらうことで、心を開く方法もあります。

それが**「許認可」**というやり方です。事前に相手から許可を取ることです。

いきなり耳の痛い話をして相手に受け入れてもらえるのは、関係性ができている場合だけです。突然耳の痛い話をするのは、ギャンブルに近い行いです。

だからこそ、事前に警戒してもらう「許認可」という方法が効いてきます。

こういう質問を差し込みます。

「今から耳の痛い話をするけどいい？」

「一つだけ厳しい話をしたいんだけどいいかな？」

「少し酷かもしれないけど正直に伝えてもいい？」

先に言っておく。筋を通しておくイメージですね。


質問というより、宣言に近いです。相手は「嫌です」とは言いにくいですからね。

でもこれが本当に大事。なぜなら、**相手の心構えができる**からです。

私は、趣味でキックボクシングをやっていますが、不意にパンチをくらうと素人のパンチでも頭がクラクラします。

逆に、ちゃんと構えていれば強烈なパンチをもらってもそれほど効きません。準備ができているからです。理屈はこれと同じです。

信じられないかもしれませんが、**許可を取らずに言うのと、たとえ形式的にでも許可を取ってから言うのでは、相手の印象は全然違います。**

「怒らないで聞いてもらえる？」

「失礼を承知で一つ伝えてもいい？」

「気乗りしないかもしれないけど一ついい?」

こう質問されて、「言わないでください」という人はほぼいないでしょう。相手も気になるからです。

しかも、この質問によって、一瞬構える間ができます。この間が相手の準備タイムをつくります。

「ひとりごとだと思って聞いてもらっていい?」というものもあります。ひとりごとなわけないのですが(笑)、これも相手に構えてもらうアプローチです。

言いたくないけど、言わなきゃいけないときもあります。

相手を傷つけたくないからこそ、即座に相手の気持ちを考える。そして気遣いをした上で、伝えるべきことを伝える。

自分の出世のために怒る上司と、部下のために怒る上司とでは、この気遣いが圧倒的に違います。部下から同じように慕われるわけがありませんよね。

相手が嫌がる話ほど、事前の質問が功を奏してくるのです。

Road to Executive

一流は、許可をもらう質問をする

構えてもらうことで
相手の受け入れ態勢を整える

やる気を引き出す

三流は、「こうしなさい」と命令し、二流は、「こうしてみては？」と質問し、一流は、どんな質問をする？

「選択肢が多いほど、やる気は高まる」

これは私の持論です。

たとえば、転職するとき、５社からオファーをもらったとしたら、「転職が面倒……」とは思わないでしょう。ニコニコしながらどこにしようか決めると思います。

いつも不安が大きい人は、選択肢が見えていません。

ここであなたの出番です。相手のやる気を引き出したいときは、ぜひ**相手の選択肢を増やす質問**を投げかけてみてください。

もし、営業成績が不振で、やる気を失っている人がいたら。

・「過去に一番うまくいったやり方はなんだろう？」

・「これまでやってみたことがない対策は？」
・「うまくいっている人はどんなやり方をしている？」
・「営業成績No.1の○○さんだったら、こんなときどうするかな？」
・「もし10年後の自分が今の自分にアドバイスするとしたら、どんな作戦を教えてくれると思う？」

これらはすべて、対策の選択肢を広げる質問です。

いろいろな角度からアプローチすることで、「これだ！」と思える妙案が見つかるかもしれません。まずは選択肢を広げることです。


当スクールでは、プレゼンやスピーチのトレーニングをよく行います。

そのとき、

「もしプレゼンが却下されたら、次の提案はどうします？」

「スピーチするときに、緊張で声が震えたらどうします？」

「会議で発表するときに、社長が怖い顔で見ていたらどうします？」

と、最悪も想定して準備します。

選択肢が多いほど何が起きても対処できるからです。

これは将棋と一緒ですね。一パターンしか指し手がなかったら、ボロ負けです。名将は何パターンも想定し、その中で一番いい一手を指します。

人生の選択も、「私にはこれしかない！」と思っている人ほど、その道が途絶えた瞬間脆くも崩れます。

選択肢はいろいろあっていいと思うんです。

就職するのも、転職するのも、起業するのも、学校に入り直すのだって。可能性という選択肢を残しておけば、一つだめになってもやる気が消滅することはありません。

人間の心理として、誰かに決めさせられたことより、自分で決めたことの方が圧倒的にやる気は高くなります。なんだかんだ言って、自分で決めたことに一番感化されます。

そのお膳立てをするのが選択肢の用意です。選択肢が多いほど決めやすくなります。

ぜひあなたの質問によって、相手がアクションを起こせる選択肢を引き出してください。

Road to Executive

一流は、選択肢を増やす質問をする

☑ 選択肢を用意することで
相手のやる気を高揚させる

大事なことに気づかせる

三流は、「あなたができることは？」と質問し、二流は、「あなたがやりたいことは？」と質問し、一流は、どう質問する？

「やりたいことは何ですか？」

就職活動の面接でよくされる質問ですが、こう質問されて困る人は多いようです。

キャリアカウンセリングを行うポジウィル株式会社が大学生を対象に「就職活動について今悩んでいること」を調査したところ、

1位「自分に向いている業界・企業が分からない」（68・4％）

2位「やりたいことが分からない」（56・8％）

という結果でした。半分以上の人はやりたいことがわからないのです。

たしかに、やりたいことってそんなにポンポン見つかるようなものではないと思います。

これは社会人も一緒でしょう。

上司から、「今期は何がやりたい？」と質問されても、明確に答えられる人は少ないのではないでしょうか。

にもかかわらず、「やりたいことはないのか？」と詰め寄られれば、それが強迫観念となり、思ってもいないことを口走って「本当にやれるのか？」と疑われたり、「自分で言ったんだから必ずやれよ」と達成すべき目標にされたり。

これでは、本当にやりたいことが見つかる可能性は低いです。

三流は、「Can」の質問を多用します。

「あなたができることは？」という質問です。これではできることしか答えないので、相手の可能性を制限してしまいます。

二流は、「Want」の質問を使います。

これが先ほどの「あなたがやりたいことは？」という質問です。

一流は、もっと答えやすい質問で、大切なものに気づかせます。

それが**「Mission」の質問**です。

「あなたがやる意義があることは？」という質問です。

たとえば、

「あなたがやりたい仕事は何ですか？」と聞かれて、「特にありません」と言う人がいたとしましょう。

でも、こう質問してみてください。

「あなたが仕事で大切にしていることは何ですか？」と。

おそらく、「時間を守ること」「挨拶をすること」「相手の名前を覚えること」「資料はきちんと揃えて配布すること」など、何かしらその人のモットーが出てくるはずです。

それは、その人が普段からやる意義があると思っていることです。

「やりたい企画は特にない」という人にも、こう質問してみてください。

「やる意義がある企画って何だろう？」と。

「とにかく喜んでもらえるもの」「参加者に笑ってもらえるもの」「みんなで協力できるもの」など、何かしら想いを口にするはず。誰だって、自分が大切にしていることや価値感を持っています。

なぜ一流はやる意義があることを質問するのか?

それは心理学における「プライミング効果」で説明できます。

プライミング効果とは、受けた刺激によって、行動が無意識に影響されることを言います。

たとえば、
・歩いていたらカレーのいい匂いがしてきた(刺激)↓カレーを買って帰った(行動)
・「そうだ 京都、行こう」というフレーズを聞いた(刺激)↓急に京都に行きたくなって旅館を予約した(行動)
これと同じく、やる意義があることを想起することが刺激になり、それを具現化すべく行動を起こそうとするのです。

「やりたい企画は何?」という質問に答えられなかったとしても、「やる意義がある企画は?」の質問に「感動できる企画」と答えたとします。

一度口にしたことがきっかけで、それがカンフル剤になり、まず「感動」を定義したり、具体的な感動シーンを描いたり、それにまつわる内容を考えたり、そうやって本当に企画を立ち上げる人もいます。

「やる意義」はアクションを起こす源なのです。

相手に、本当に大事なことに気づいてほしいとき。

「何がしたい？」とすぐにアクションを求めるのは早計。出てくるものも出てきません。アクションを起こす動機が必要です。それを炙り出すのが、Missionの質問、「やる意義があることは？」です。

「ちゃんと自分の想いを聞いてくれている」、相手はきっとそう感じます。そしてそれが心の栄養になり、相手の行動を生み出すエンジンになります。

自分の想いに共感してくれる人が現れたとき、人は本当に元気と勇気が湧いてくるのです。

Road to Executive

一流は、「あなたがやる意義があることは？」と質問する

相手のMissionを引き出して
アクションを起こさせる

メンター

三流は、大切な人に気づかず、
二流は、すべて自分のおかげだと思い、
一流は、自分にどんな問いかけをする？

ここからは、人生における本質的なテーマです。

あなた自身に投げかける質問です。

さっそく、一つ質問させてください。

「あなたには、メンターと呼べる存在はいますか？」

メンター（Mentor）を直訳すると「指導者、助言者」となりますが、いわば人生において自身の成長をサポートしてくれる人、精神的な支柱になっている人のことをいいます。

メンターなんていないという人も多いかもしれません。

では、もう一歩踏み込んだ質問をします。

「**『あの人がいなければ、今の自分はいなかった』**と思える人は？」

「そういえば……あの人の講演を聞いてから、人生に対する考え方が変わったんだ」

「新卒のときの上司が仕事のいろはを教えてくれたから、今の自分があるんだ」

「先生が本気で怒ってくれたから、道を間違えずに済んだんだ」

誰にでもそういう人が一人や二人いるのではないでしょうか。


少しだけ、私の身の上話をさせてください。

私は、10年前、会社員をやめて講師として独立しました。もともと講師をやりたいと思ったことは一度もありません。

でも、社会人のときに参加したセミナーの講師があまりにも面白く、ものすごく明るいエネルギーに満ちていて、それで私も講師になろうと決心しました。

その方がいなければ、今、私が講師をやることも、ビジネススクールを経営することも、本を書くことも絶対になかったと思います。

「あの人がいなければ、今の自分はいなかった」

そんな人のことを、当社ではメンターと定義しています。

あなたがメンターの顔を思い出すとき、きっと感謝が込み上げてくるはずです。その人のおかげで、今の自分があることをあらためて認識するからです。

逆に、「今の自分があるのは、自分のおかげ」と思っている人に感謝のオーラは出てきません。

人間一人でできることなんてほとんどないです。常に人間関係が前提です。

大切なのは**「自分のおかげ」ではなく「周りの人のおかげ」**です。

ある受講生がこう話してくれました。

「私にも大切なメンターがいます。その人のおかげで、本当に人生が変わりました。今度は私が誰かのメンターになりたいです」

お世話になった人の意志を継ぎ、今度は自分が誰かのために。その意志こそが、よりよい人間関係をつくる絆になるのだと思います。

「『あの人がいなければ、今の自分はいなかった』と思える人は？」

一流は、自分への問いかけも一流です。

Road to Executive

一流は、
「今の自分があるのは？」と
問いかける

☑ メンターに感謝して、
メンターとして人を支える

ストレス

三流は、ストレスの存在を無視し、二流は、「何がストレスになっている?」と質問し、一流は、どんな質問をする?

あなたは、メンタルが強い方ですか?

メンタルとは、「精神」とか「心の持ちよう」のことですが、最近では「私、豆腐メンタルで……」という方も増えました。「豆腐メンタル」とは、豆腐のようにすぐにボロボロになるという意味です。

心が壊れるという意味で、「メンタルダウン」という言葉も耳にするようになりました。職場では、「きっとあの人、メンタルがやられている」といった声も聞きます。

メンタルが崩壊するときというのは、だいたい決まっています。

それは、ストレスがピークを迎えたときです。その状態を、燃え尽き症候群(バーンアウト)といい、自己嫌悪に陥ります。

そこで知っておきたいのが、「ストレスコーピング」です。
ストレスコーピングとは、ストレスをマネジメントする心理療法で、多くの企業、ピンチに立ち向かう起業家、プレッシャーと戦うアスリートに広く取り入れられています。

ストレスは、刺激→評価→反応という順番で起こります。
たとえば、誰かに嫌なことを言われたとします。
刺激：「田中さんに『あなたは自分のことしか考えていない』と言われた」
評価：「田中さんは自分のことがわかっていない！」
反応：「とても傷ついた」
これがストレスになります。

ところが、まったく同じことを言われても、
評価：「田中さんは私のことを真剣に考えて注意してくれた！」
反応：「気持ちが明るくなった」
という人もいます。

この人がストレスを感じることはありません。

刺激は一緒でも、評価が違えば、反応が変わってくるということです。

「最近、数字が落ちているね。やり方を見直したら？」という指摘（刺激）に対し、「怒られた……」と評価する人もいれば、「素晴らしいアドバイスをいただけた！」と目をキラキラさせる人もいます。

生きていれば、毎日いろいろな刺激があります。それをなくすことはできません。

大切なのは、**「その刺激に対してどんな評価を下したか」**です。

評価の質が高ければ高いほど、メンタルは強くなります。

逆に、評価に歪みがあると、メンタルは弱くなります。

では、歪みとは何でしょうか？

こういう思考です。
①べき思考

「～すべきだ」「～すべきでない」という考え方に支配され、他の考えが浮かばない状態。

（例）「周りの人はもっと私を認めるべきだ」

（例）「あの人が口を出すべきではない」

②選択思考
ある一面だけに注目して、その他の側面を無視してしまう状態。
（例）怒られたことだけを根に持ち、褒められたことを覚えていない
（例）人を好きか嫌いかで判断し、どちらでもないフラットな状態が保てない

③拡大解釈思考
マイナスに感じたことを必要以上に大きく捉える状態。

（例）「あんな態度を取るなんて、きっとあの人は私を除外しようとしているんだ」

（例）「あんな言い方をするなんて、きっと私に悪意を持っているからだ」


3つとも思考が偏っているということが共通点です。

世の中のことは、すべて0か100で説明がつくものばかりではありません。曖昧を許す勇気も必要です。それがストレスを軽減し、メンタルを強くしてくれます。

メンタルを強くするには、「どんな出来事がストレスになっているか?」ではなく、**「その出来事に与えているどんな評価がストレスになっているか?」を自分に問いかけてみましょう。**

ストレスを感じたときは、今一度、自分の心と正対してみてください。

その評価次第で、見えてくる世界が変わってくるはずです。

Road to Executive

一流は、
「どんな評価がストレスに
なっている？」と質問する

☑ 認知の歪みを矯正し、
メンタルを強化する

成長

三流は、「人より劣っている点は？」と質問し、二流は、「人より優れている点は？」と質問し、一流は、どんな質問をする？

最後は、「自分を成長させる」質問です。

「なぜ自分は人よりも劣っているんだろう？」と感じることはありませんか？

時には、「自分は人と比べて能力がないのかも……」と落ち込むことがあるかもしれません。

反対に、人よりも優れている点を探すことはありませんか？

その結果、自分をよく見せようとしたり、マウントをとったりして、自分の承認欲求を満たすことがあるかもしれません。

果たして、どんな質問が自分を成長させてくれるのでしょうか。

少しだけ、「成長とは何か？」について話させてください。

当社の定義はこうです。

「昨日できなかったことで、今日できるようになったこと」


これが自分の中で一つでもあれば成長です。

昨日解けなかった算数の問題が、今日解けた。

20歳になって、親のありがたさに気づいて素直に感謝を伝えられるようになった。

社会人になって、苦手だった営業がうまくいって契約がもらえた。


私はこう思います。「成長とは、過去の自分との比較」だと。

決して、誰かと比べて味わう至福ではありません。

アーネスト・ヘミングウェイも言いました。

「他人より優れていることが高貴なのではない。本当の高貴とは、過去の自分自身より優れていることにある」と。


よく「人前で話すのが苦手です……」という相談を受けます。

人前で話す機会は普通の生活ではほとんどないことです。話せるだけですごいことです。

10人が参加する会議で初めて発言できた。次に30人の前で発表ができた。そして50人の前でスピーチができるようになった。

緊張して声が震えても、噛んでしまっても、それができただけですべて成長です。

成長の先に成功があるのであって、その逆ではありません。そう考えると、毎日成長の機会に恵まれていることに気づきます。


ぜひ自分に問うてみてください。

「昨日できなかったことで、今日できるようになったことは？」と。

大小は問いません。必ず日々、進歩があるはずです。きっと、進歩の轍があなたを良き人生に導いてくれます。

Road to Executive

一流は、過去と現在の自分を比べる質問をする

☑ 自己比較を通じて、毎日成長を実感する

おわりに

本書を書いた理由は、ChatGPT（チャットジーピーティー）が登場したからです。

ChatGPTは、ユーザーが入力した質問に対して、まるで人間のように自然な対話形式でAIが答えるチャットサービスです。

回答精度の高さが話題となり、世界中で利用者が急増しています。

これが意味することは、「答えはロボットが教えてくれる時代になった」ということです。

では、人間は何をすべきでしょうか？

それが本書のテーマ「質問」です。

今後ますます、適切に問う力が求められることになります。

間違った質問を入力すれば、間違った答えが返ってきます。

たとえば、「なぜ私は不幸なのか？」と質問すれば、「生まれたところが悪かったから」

「学校に行けなかったから」「友達に恵まれなかったから」と、ロボットが見事に答えを返してくるかもしれません。

でも、本当にそうでしょうか?

「そもそも私にとっての幸福とは何か?」「たとえ小さなことでも幸せと思えることは何か?」「不幸という解釈を変える方法はないか?」

質問によって答えはまったく異なります。質問次第で「不幸」が「幸福」にすら変わるかもしれません。

本書では、他人との会話を中心に質問を展開しましたが、もう一つ大事なのが自分への質問です。

「自分に投げかける質問のクオリティが、人生のクオリティを決める」といっても過言ではありません。

その「自分を高める質問とは?」は、特典動画で解説しました。ぜひ本書の購入特典としてお楽しみください。

本書は、質問を投げかけることによって楽しい会話ができたり、新たなアイデアを思いついたり、やる気がみなぎったりする、心のエネルギーが満たされるようプログラミングされています。

悩んだとき、困ったとき、人生の岐路に立たされたとき、ぜひ読み返してみてください。ここに書かれている質問が、あなたとあなたの周りの人の人生を豊かにしてくれるはずです。

これからも共に学び、質問を研究していく同志として、あなたのことを心から応援しています。

それではまたお会いできるその日まで。

株式会社モチベーション&コミュニケーション

代表取締役　桐生 稔

自分を高める質問とは？
「自己肯定感が上がる７つの質問シート」
動画プレゼント

この度は「質問の一流、二流、三流」をご購入いただき、誠にありがとうございます。
感謝を込めてプレゼントがあります。

他者に向けた質問に加え、もう一つ大事な質問が、自分への質問です。自分への問いかけによって答えが変わります。答えが変われば行動が変わり、行動が変われば未来が変わります。
その素晴らしい未来を手にすべく、今回は「自己肯定感が上がる７つの質問シート」を用意しました。
お伝えする７つの質問シートは、「前向きに考えよう！」「ポジティブに生きよう！」といった精神論ではありません。あなたの悩みを根本から解決する質問シートです。

下記 LINE にご登録いただいた方に、特典動画を送付させていただきます。

＜LINE 登録をして特典動画を受け取る＞

ID：@phl8684g

【研修・講演・取材のお問合せ】

株式会社モチベーション＆コミュニケーション 代表取締役 桐生 稔
〒163-0649 東京都新宿区西新宿1丁目25-1 新宿センタービル49階
TEL：03-6384-0231
MAIL: info@motivation-communication.com

お問合せはコチラ
https://www.motivation-communication.com/media/

著者
桐生 稔（きりゅう・みのる）
株式会社モチベーション＆コミュニケーション代表取締役
日本能力開発推進協会メンタル心理カウンセラー
日本能力開発推進協会上級心理カウンセラー
一般社団法人日本声診断協会音声心理士

1978年生まれ。新潟県十日町市出身。2002年、大手人材派遣会社に入社。営業成績がドベで新卒3カ月で左遷される。そこから一念奮起し、全国で売上達成率No1を達成する。その後、音楽スクールに転職し、事業部長を務める。

2017年、社会人の伝わる話し方を向上すべく、株式会社モチベーション＆コミュニケーションを設立。全国40都道府県で伝わる話し方セミナー、研修を年間2,000回開催。

具体的で分かりやすいメソッドが評判を呼び、日経新聞、プレジデント、東洋経済ONLINE、YAHOO！ニュースに掲載される。テレビ朝日『マッドマックスTV論破王』ではディベートの審査員も務める。

「1回で伝わる話し方テンプレート」「30秒で伝えるピンポイントトーク」など数々のヒットセミナーを生み出している。セミナーや研修では、60分に20回以上笑いが起こり、会場が盛り上がり、最後には衝撃的な感動が走る「心震わすメソッド」をお届けしている。著書に、『「30秒で伝える」全技術』（KADOKAWA）、『緊張しない「最初のひと言」大全』（Clover出版）、『話し方すべて』（かんき出版）、『雑談の一流、二流、三流』『説明の一流、二流、三流』（明日香出版社）などがある。著書は累計23万部を突破。

質問の一流、二流、三流

2023年10月29日 初版発行
2024年10月11日 第12刷発行

著者 桐生 稔
発行者 石野栄一
発売 明日香出版社
〒112-0005 東京都文京区水道2-11-5
電話 03-5395-7650
https://www.asuka-g.co.jp
カバーデザイン 小口翔平＋青山風音（tobufune）
カバーイラスト 山崎真理子
組版 RUHIA
校正 共同制作社
印刷・製本 シナノ印刷株式会社

ISBN 978-4-7569-2294-6